LETTRES PHILOSOPHIQUES

SUR

St.  aul,

ſur

ſa doctrine, politique, morale & religieuſe,

& ſur pluſieurs points de la religion chrétienne, conſidérés politiquement.

Traduit de l'anglais, par le philoſophe de Ferney, & trouvées dans le porte-feuille de M. V. ſon ancien ſecrétaire.

Imprimé à Neuchâtel en Suiſſe,

1783.

Préface de L'auteur des Lettres de St. Paul.

Cet apôtre du christianisme a eu la plus grande influence sur son établissement, & sur les principes qui lui servent de base. C'est l'écrivain qu'on cite encore le plus dans les discussions religieuses & politiques; il fait autorité. Afin de pouvoir apprécier la valeur de cette autorité; j'ai cru devoir examiner les écrits, la vie, les principes de cet apôtre. J'ai mis au jour cet examen;

parce qu'on ne peut donner trop de lumières ſur ce ſujet ; aujourd'hui qu'il eſt queſtion de la refonte du chriſtianiſme, ou au moins de ramener cette religion à ſa ſimplicité, & ſur-tout aux vrais principes de la ſociété. Tel eſt le but qui m'a guidé.

LETTRE I.

Authenticité des Epitres de St. Paul.

Mirza à Eliſe.

J'oſe eſpérer, ma chère amie, que la différence qui règne dans nos ſentimens, ne rompra jamais les nœuds ſacrés qui nous lient. Julie aima toujours Volmar, & je ne ſuis pas encore athée. Dans la ſolitude où je ſuis confiné, j'aime à élever mon ame vers l'Etre-ſuprême qui nous a donné le jour; de là mon œil planant ſur toute la Nature, voit ſon ouvrage, l'admire, & découvre à peine cet amas de petits inſectes qui le blaſphèment, en lui prêtant leurs ſottiſes & leur rêveries. Que l'ame eſt forte lorſqu'elle eſt dégagée de préjugés! Rien ne l'enchaîne, rien n'arrête ſon eſſor; il ſemble qu'alors on reſpire un air plus pur, qu'on vive ſous un climat plus doux. Rappelle-toi ces académiciens françois, *) qui affrontèrent avec une heureuſe audace les périls les plus affreux, pour faire leurs obſervations. Suſpendus entre les plus hautes montagnes de la terre, la foudre ſe formoit ſous leurs pieds, le plus beau jour luiſoit ſur leurs têtes. . . . Dans cet état délicieux que tu n'as jamais éprouvé, parce que l'éducation a

*) Voyage de Mrs. de la Condamine & Bouguer au Pérou & ſur les Cordillières.

incrusté dans ton ame ses préjugés, dans cet état, dis-je, un philosophe n'est plus un homme, c'est un ange, s'il en est.

Elise, tu m'ès chère; qu'est le bonheur pour moi, si je ne le partage avec toi ? Juge avec quelle ardeur je voudrais te faire goûter le plaisir de la contemplation; non pas de cette contemplation mystique & ridicule, prônée par la Guyon & son trop aimable défenseur; *) mais de cette contemplation où l'ame sans préjugés, sans fanatisme, court, vole après la vérité & la saisit.

Ce début pourrait paraître comique aux gens du bel air, sous la plume d'un amant; uniquement occupés à briller sur la scène du monde, ils effleurent rapidement les objets, & ne portent jamais dans l'étude de la religion, cet œil observateur, qui sonde avec opiniâtreté les profondeurs de l'abyme où est cachée la vérité.

On a restreint dans notre siècle, l'amour à de fâdes déclarations, à des esclaves où l'on conserve tout son sang froid, à un jargon insignifiant & absurde: voilà le ton universel. Il ne sera pas le nôtre. Est-il fait pour remplir le vuide du cœur ? Ninon, le désespoir des femmes de son tems, Ninon le sentait bien, elle qui dans le feu d'un tête-à-tête parlait à ses amans le langage le plus sublime de la religion. **)

*) Fénélon partisan du Quiétisme.

**) N'en déplaise à l'auteur de la lettre, je crois le fait faux. 1. Ninon était femme, & en pareille occasion une femme sait bien qu'elle a quelque chose de mieux à faire qu'à parler de religion. 2. Ninon avait un

Que cette religion prête en effet d'enthousiasme à l'amour! Elle lui donne un nouvel être; ce n'est plus une flamme languissante & sans éclat, c'est un feu nouveau, ardent. . . . Etudions-la donc, ma chère amie; osons parcourir ses preuves, guidés par le flambeau sacré de la raison. Je crois avoir entrevu quelques raisons de la vérité; mais ce n'est pas dans le sein de la révélation. Les ténèbres de l'imposture ne sont pas l'asyle de la vérité, & elle n'emprunta jamais, pour paraître & éclairer les mortels, le voile mystérieux du mensonge. Voilà cependant l'unique fondement de la plupart des religions, le mensonge; je ne te le prouverai pas comme les pédans en divisant, subdivisant. La méthode glace l'ame: ce n'est pas que j'adopte davantage ces écarts déréglés d'une imagination fougueuse dont Pindare a donné le modèle. Son galimathias n'a paru sublime & divin qu'à ces tristes adorateurs de l'antiquité, qui apprécient un ouvrage sur sa date.

Mais il est un milieu, nous pouvons le suivre. Rarement la vérité prend un autre chemin.

Dans l'examen que nous allons faire, par quel endroit de la révélation commencer? N'importe de quel côté les regards se portent, on trouve des absurdités. Parlerai-je des prophéties? En

esprit philosophique; sa vie est connue de tout le monde, & sa vie n'était pas celle d'un orthodoxe. Croire que dans un tête-à-tête elle a prêché ses amans, autant vaudrait croire ce qu'on dit des Jésuites, que l'honnête Père Girard, aulieu de faire des enfans à la Cadière, dogmatisait avec elle. (*Note du Traducteur.*)

eſt-il aucune qui puiſſe recevoir une application préciſe & exacte? Des miracles? Peuvent-ils nous convaincre, nous que 1700 ans d'intervalle en éloignent, tandis que les juifs eux-mêmes les voyaient avec indifférence, & perſévéraient dans leur croyance? Que dirai-je du judaïſme dont on a fait la baſe de la religion chrétienne? Si la religion des juifs eſt l'ouvrage d'un Dieu, pourquoi les brûler? A l'inconſéquence les papiſtes joignent la cruauté.

Toutes ces matières ont été amplement diſcutées. Les déiſtes comptent ſous leurs étendards d'illuſtres auteurs, qui ont pulvériſé cette ſecte fière d'avoir donné ſi longtems des chaînes à l'univers. Notre Toland que nous liſons avec tant de plaiſir enſemble, lui a porté de rudes coups dans ſon Amyntor, dans ſes Lettres philoſophiques & dans mille autres ouvrages. Les français ſe ſont auſſi diſtingués dans cette carrière. Bayle, par exemple, malgré ſa prolixité aſſommante, ſera toujours lu; mais on a vu auſſi des ouvrages bien-médiocres en ce genre, tel eſt, par exemple, un dîner du Comte de Boulainvilliers, où un certain Abbé Couet eſt le plaſtron de fort-mauvais argumens.

Parmi les théologiens qui ont répondu à nos déiſtes on n'a vu que des Stilling-fleet, *) des Bergiers qui défendaient avec acharnement une méchante cauſe.

Mais il eſt un ſujet qui n'a pas encore été bien diſcuté juſqu'ici, c'eſt la vie de St. Paul, ſes

*) Théologien anglais ennemi juré de Loke & de Collins.

épitres, sa doctrine, ses mœurs. Il fut un des plus ardens propagateurs de la religion chrétienne; il en fut l'apôtre le plus célèbre. Les observations que je vais te communiquer à son sujet doivent donc l'intéresser ainsi que tous les chrétiens. Je n'ai point la manie prosélitique; il faut être fou ou chrétien pour vouloir contraindre les hommes dans leurs sentimens, & graces à Dieu, je ne suis ni l'un ni l'autre; mais si je dis vrai, quitte la secte; la vérité t'est sûrement trop chère pour la lui sacrifier.

Doit-on ajouter foi à la vie de St. Paul telle que nous la lisons dans les Actes des apôtres? Les Epitres qui courent sous son nom sont-elles de lui? Voilà les premières questions qui se présentent à l'esprit.

Les théologiens ont dit & répété, qu'on ne pouvait mettre en problême l'authenticité des Actes des apôtres, des écrits de St. Paul sans renverser totalement les règles qui servent à établir & appuyer l'autorité des faits en général. On parle d'authenticité, de règles, de certitude! mais on ne les a pas encore fixés. Il n'en existe pas, la seule chose certaine sur cet article, c'est qu'il n'y a rien de certain.

Dailleurs peut-on avancer de bonne foi que les écrits de St. Paul soient revêtus des caractères sacrés de la vérité, qu'ils soient marqués au coin de l'authenticité? Dans quel siècle, chez quelle secte n'a-t-on pas jeté du doute sur ses écrits? La vérité des Epitres qu'on attribue à St. Paul, n'a-t-elle pas été suspectée, mise en problême dès le berceau du chriftianifme par les églifes chrétiennes elles-mêmes? Ces doutes fe font communiqués d'âge en âge, ont paffé de bouche en bouche jufqu'à nous; & fi quelque homme impartial, fuivant la trace faite par fes prédéceffeurs ofe aujourd'hui douter, renverfe-t-il pour cela les règles qui fervent de bafe aux faits ?

Les manichéens, fecte auffi confidérable que celle des catholiques, dont on connaiffait à peine le nom dans la primitive églife, les manichéens, rejetaient tout le Nouveau Teftament, comme faux & corrompu, & fe fervaient d'un autre effentiellement différent, foit pour les faits, foit pour la doctrine. Les Actes des apôtres furent niés par les corinthiens & par les maréconites. Les eucratites, les Sévérians, n'admettaient aucune des Epitres de St. Paul.

Qu'on confulte ce Chrifoftôme fi célébré dans tous les fiècles, dont on ofe à peine feuilleter quelques pages à préfent; on les verra dans une de fes homélies, fur le titre des actes, faire cet aveu important, „que dans fon tems (qui était „le quatrième fiècle de l'églife) non feulement „l'auteur & le compilateur de ces actes, mais les „actes eux-mêmes étaient inconnus aux églifes.„

Les valentiniens & quelques autres fectes de chrétiens n'accufaient-ils pas nos écritures d'erreurs, de faux, de contradiction, d'impofture? Les ébionites n'ont-ils pas foutenu que les Epitres de St. Paul avaient été fabriquées par un ennemi, par un impofteur ?

On n'avance point ces faits au hazard, ils font tirés des pères de l'églife regardés longtems comme fes oracles; Eufèbe, Origène, Irénée ont tranfmis ces faits à la poftérité.

Il faudrait n'avoir aucune idée de la primitive églife pour ne pas croire qu'on y fit une infinité de falfifications : on forgeait tout pour défendre fa caufe. Sans parler ici de ces livres fibillains, du procès verbal de la mort de J. C. par Ponce Pilate, de la lettre de la Vierge à Abdégare Roi d'Edeffe, toutes pièces forgées; fans avoir recours aux preuves de ces falfifications que pourraient fournir Dodwell, Blondel, Fréret, il n'y a qu'un raifonnement fimple à faire.

On fuppofe deux ou trois originaux vrais, on les copie, ils paffent de main en main, que d'altérations inévitables! Que d'infidélités volontaires! L'erreur guidée par l'efprit de parti déchire d'une main les feuillets de l'hiftoire, & de l'autre y fubftitue des faits fabuleux. Voilà en une phrafe l'anatomie des Evangiles, des Actes, des Epitres des apôtres que nous avons. Les copies s'en multiplient à l'infini. Il y avait donc autant d'Evangiles, d'Actes des apôtres, que de fectes. L'une plus heureufe a triomphé; elle a fait refpecter les livres qu'elle avait adoptés, fait brûler les autres; cela était dans l'ordre. Les fiècles à force de répéter que ces Evangiles étaient vrais, les ont cru vrais; à ce compte l'Alcoran n'eft pas faux : mais voilà l'hiftoire du Nouveau Teftament.

Lifés ce que Faufte le manichéen réfuté par Auguftin écrit fur les Evangiles ; *) ils parurent, „dit-il, quelque tems après les apôtres. Ils furent „compofés par quelques écrivains obfcurs qui ne „croyant pas leurs noms affez impofans, pour „prêter à ces hiftoires un coloris de vérité, qu'elles „n'avaient pas, les attribuèrent aux apôtres. Ces „livres font pleins d'erreurs, de contradictions „révoltantes, de récits faux, aucune rélation ne „reffemble à une autre. „

Quelques lignes après, il dit à fes adverfaires orthodoxes, parce qu'ils étaient puiffans ; „vos „ancêtres, peu délicats fur le menfonge, inférèrent „hardiment bien des chofes dans les écrits de „Notre Seigneur, qui ne cadraient aucunement „avec fes maximes. Cela n'eft point étonnant, „puifque j'ai prouvé plufieurs fois, que la plupart „des Evangiles n'avaient été écrits ni par lui-même „ni par fes apôtres ; mais qu'après leur mort „plufieurs impofteurs ramaffèrent des rapfodies, „des contes qui couraient par la ville, les cou„firent enfemble, en bâtirent un roman qu'ils „publièrent fous le nom des apôtres, ou de ceux „qui leur fuccédèrent. Ainfi leurs menfonges & „leurs erreurs pafsèrent à la poftérité à l'abri fous „des noms vénérables. „ **)

Celfe fe récrie contre la trop grande liberté que fe donnaient les chrétiens d'altérer leurs Evangiles, d'y ajouter ou d'en retrancher, fuivant

*) Aug. contra Faufto liv. 32. 33.

**) Origène contra Celfe l. 2.

le befoin qu'ils avaient de paffages ou de citations, pour répondre à leurs adverfaires.

Que l'on compare l'hiftoire de St. Paul donnée dans les Actes des apôtres reçus par les Ebionites ou Nazaréens avec celle que nous admettons; il y a une différence fingulière. „ Paul, difent-ils, était „originairement païen; il vint à Jérufalem, y refta „quelque tems & devint amoureux de la fille du „grand prêtre. Pour l'obtenir il fe fit circoncire: „mais fes efpérances ayant été trompées, il „écrivit contre la circoncifion, contre le fabat & „contre tous ceux qui pratiquaient la loi; enfin „par un dépit amoureux, il prit parti dans le „chriftianifme. „

Le nom de *Nazaréens*, comme tu le fais, ma chère Elife, fut le nom des premiers chrétiens. Paul était le chef de cette fecte, & Epiphane qui rapporte le fait que tu viens de lire, affure qu'ils prirent ce nom à caufe de Jéfus de Nazareth. Le nom d'Ebionites leur fut donné par leurs ennemis. S'il y a quelqu'auteur que les chrétiens doivent croire dans l'antiquité, c'eft fans doute Epiphane fi renommé parmi eux.

On m'objectera peut-être que l'autorité des hérétiques n'eft ici d'aucun poids. Je réponds, que par rapport à moi elle eft d'un poids égal à celle des orthodoxes; toutes les fectes fe font traitées tour-à-tour d'hérétiques: toutes fe font accufées réciproquement d'erreur, de fourberie, toutes pour fauver leur honneur ont falfifié, altéré, corrompu les textes. On a vu régner également dans tous les partis, la fourbe & la fureur: tous dominans & perſécutés, cruels, & victimes tour-à-tour, ont été dans le crime & dans l'aveuglement. Quelle foi donc ajouter aux orthodoxes plutôt qu'aux hérétiques? Quelle foi donner à ces orthodoxes qui ont, par exemple, inſéré dans Joſeph un paſſage ſur leur législateur, qui n'eſt pas de ſa main, qui ont prêté gratuitement à Celſe un aveu des miracles de Jéſus Chriſt, fauſſeté débitée par tous les chrétiens avec une confiance que le front ſeul de la vérité devrait porter?

Au défaut de preuves, les chrétiens s'en ſont forgées. Cette ſeule obſervation devrait leur faire refuſer toute croyance; mais ſans en tirer cette conſéquence, je conclus ſimplement que ni l'autorité des orthodoxes, ni celle des hérétiques ne doit ſervir de preuves pour la vérité des faits. La balance doit être égale entr'eux, & on doit reſter en ſuſpens.

Sais-tu, ma chère Eliſe, pourquoi pendant une ſuite de ſiècles on a mépriſé, rejeté l'autorité, les opinions des hérétiques? C'eſt que le papiſme tenait le ſceptre. Tant qu'Arius fut vainqueur, ſes ennemis fléchirent devant lui, on les anathématiſait. La roue a tourné. Arius eſt devenu hérétique.

Auſſi tout homme impartial ne cherche l'évidence dans aucun parti. L'évidence ne fut jamais la compagne des manœuvres ténébreuſes. Ainſi s'évanouiſſent ces grands raiſonnemens tirés de la tradition chrétienne. Le premier qui parla de miracles fut un impoſteur; ceux qui en répétèrent le roman furent des imbécilles.

Eſt-ce donc au milieu des inconſéquences, des contradictions que nous devons chercher la vérité? La raiſon ſeule, ce précieux don du ciel, nous la montrera. Elle ſe trouve rarement avec l'eſprit de parti hérétique ou orthodoxe; c'eſt toujours abſurdité pour abſurdité.

Aura-t-on recours à ces pères de l'égliſe pour être certain de l'authenticité de la vie, des écrits de Paul? Mais on ſait qu'ils ne jugeaient des opinions & des faits qu'en raiſon de leur conformité avec l'eſprit de leur parti. Chacun défendait les écritures qui lui étaient favorables comme canoniques. Les autres étaient toujours apocriphes ou anti-canoniques. Quant à leur témoignage ſur les faits, tous ceux qui ſont un peu familiariſés avec leurs écrits, ſavent apprécier la foi que méritent leurs récits, connoiſſent les négligences, les infidélités dont ils ſont parſemés. Toujours la plus groſſière ſuperſtition guide leur plume. Papias, le tuteur d'Irénée était comme l'atteſte Euſèbe, un homme d'un faible jugement qui avait mêlé beaucoup de fables dans ſes ouvrages. Entraîné par l'eſprit de parti, il en fit ſuccer les pernicieux principes à ſon pupille Irénée, homme ſimple & crédule, qui eſt cependant le premier écrivain eccléſiaſtique; eſt-il étonnant que les partiſans de cet auteur ſoient eux-mêmes tombés dans l'erreur?

On ne finirait pas ſi l'on voulait détailler tous les défauts, tous les traits de fourberie qui caractériſent ces bons pères, ſi l'on voulait peindre leur ambition, leur ignorance, leur cruauté, les factions, les féditions qu'ils ont excitées, les impoftures qu'ils ont forgées, les meurtres qu'ils ont commis, & cent autres crimes. Voilà cependant les hommes qu'on appelle les oracles de la vérité! Voilà les idoles qu'il faut encenfer!

„Apprendrons-nous, dit un philofophe „anglais, *) notre religion de ces hommes cruels „& ignorans? Prendrons-nous des leçons de „douceur & de charité dans leurs difputes éter-„nelles, dans leurs perfécutions? Aucune nation „fur la terre ne fe déchira avec tant de fureur, „ne mit tant d'acharnement dans la difpute que „les articles fuffent importans ou non, c'était „toujours un fujet de querelle: on fe damnait „mutuellement fans pitié. A-t-il paru jufques à „nos jours des fripons, des affaffins fupérieurs „pour la fcélérateffe à certains révérends pères, „placés aujourd'hui dans le Calendrier? Et cepen-„dant c'eft au fein des contradictions, des „difputes, qu'on veut trouver cette prétendue „unité de religion. Eft-ce à un efprit turbulent, „factieux, à l'imbécillité, à l'avarice, à une ambi-„tion déméfurée, aux variations dans les fentimens, „à l'apoftafie, à l'affaffinat, qu'on doit reconnaître „les miniftres du Dieu de paix? Ces caractères „fe rencontrent dans la plupart des défenfeurs „du chriftianifme, peu en font exempts.„

„Un autre auteur **) obferve que les pères „de l'églife fe copient, fe pillent les uns & les „autres dans leurs récits, aucun d'eux n'ayant eu „ni la bonne foi, ni la capacité néceffaire pour

*) Gordon. **) Evans.

„examiner attentivement les faits, diſtinguer du „vrai ce qui n'était que probable, en un mot „pour ſuivre ces règles dont on ne devrait „jamais s'écarter en écrivant l'hiſtoire ſainte.„

„Un homme, ajoute-t-il, pourrait remplir „des volumes entiers, seulement avec les citations „des impiétés, des rêveries, des imbécillités de „ces pères. L'Hiſtoire eccléſiaſtique qu'on nous „a donnée, n'en eſt qu'un abrégé très-informe.„

„Ailleurs il dit: quoiqu'il ſoit quelquefois „néceſſaire de ſouſcrire à la vérité de certains „faits, ſur de mauvais rapports, néanmoins notre „croyance doit-être plus ou moins forte, ſuivant „que le rapport eſt plus ou moins raiſonnable „Pour ſouſcrire à un témoignage, il faut qu'il „ſoit accompagné de deux circonſtances eſſen„tielles, que les perſonnes & les faits ſoient „croyables. Voilà les fondemens de la certitude, „de l'hiſtoire: par exemple, ſi le fait atteſté ne „répugne ni à la raiſon, ni à l'expérience, ſi „les perſonnes qui l'atteſtent ſont douées de „bon ſens & de bonne foi, alors on eſt au degré „le plus fort de l'évidence extérieure; mais ſi le „fait rapporté eſt arrivé deux ſiècles avant nous, „ſi nous ne pouvons avoir aucune connaiſſance „du caractère de ceux qui le rapportent, alors „l'évidence baiſſe beaucoup; elle eſt anéantie, ſi „nous jugeons par leurs écrits ou autrement, „que ces auteurs étaient crédules & enthou„ſiaſtes, pleins de partialité, intéreſſés à tromper „les autres, à être eux-mêmes trompés.„

„Voilà cependant le caractère des pères de „l'église, jusqu'au quatrième siècle, & sur-tout des „chefs d'entr'eux. Adoptant tout, croyant tout „sans aucun choix, infidèles, ignorant la vraie „religion, bigots, absurdes dans leurs opinions „sur la divinité, raisonneurs inconséquens, deser„teurs du vrai christianisme, auquel ils firent „succéder le platonisme. Voilà leur portrait; s'il „n'est pas flatté il ressemble beaucoup aux „originaux. La lecture de leurs ouvrages en „convaincra. Ensorte qu'aulieu d'établir la „religion, en n'employant que des preuves „convaincantes, que des témoignages vrais, ils „l'ont flétrie par leurs absurdités.„

Ce n'est donc pas dans leurs écrits qu'on trouvera la preuve de l'authenticité des Epitres de St. Paul. Serait-ce dans la tradition? Elle a rendu tant d'oracles en faveur du mensonge, qu'on ne devrait jamais l'invoquer. Les païens, dit Bayle,*) l'opposaient aux premiers chrétiens. L'église romaine s'en servit contre Luther & Calvin .... pour une fois que la tradition peut être utile à la vérité, elle est cent fois favorable à la fausseté.

Quant à l'examen des écrits des apôtres en eux-mêmes, il peut tout au plus éclairer sur leur bonté ou sur leurs défauts, mais jamais sur leur authenticité. Un livre ne peut pas servir de preuve. Mais supposant que les Epitres attribuées à St. Paul soient réellement sorties de sa plume, examinons les principes de politique & de morale

*) Contin. des pensées sur les Comètes. L. I. p. 144.

qui y font développées & les faits qu'elles atteſtent. On y verra des contradictions d'une part, & des abſurdités de l'autre. On y verra que Paul était un enthouſiaſte dangereux dans ur état, un mauvais logicien, un écrivain inintelligible, inconſéquent, égoïſte.

LETTRE. II.

Contradictions de St. Paul.

On a dit qu'un auteur ſe peignait dans ſes écrits; cette maxime a, comme toutes les autres, ſes exceptions. J'en nommerais plus d'un, qui ſe donnant des tons d'honnête homme, & affichant la probité, n'était au fonds qu'un coquin. Pardonne-moi cette penſée, chère Eliſe; plus d'une Délia a chanté des amours qu'elle ne ſentait pas. Il y a plus de comédiennes que d'Actrices... L'enthouſiaſme, l'apoſtolo-manie perce dans tous les écrits de Paul. La conſéquence eſt naturelle; c'était donc un fou. Ses variations, ſes inconſéquences, ſes contradictions ſont ſans nombre; ſi c'eſt le propre du génie, ſi l'on doit adorer ſes ſublimes écarts, comme on l'a fait pour Pindare, il faut donc noyer tous les gens raiſonnables dans la Tamiſe. Paul était un homme inconſéquent, cela devait être; quand la fureur de parti, quand le deſir de s'immortaliſer en créant une ſecte, quand la rage de vouloir propager par-tout une doctrine nouvelle, a brouillé le foible cerveau de l'homme est-il maître de sa raison? Les vapeurs de l'enthousiasme en ont étouffé le flambeau. Je n'avance point ici au hazard; ouvrons les Epitres de Paul, elles nous fourniront mille preuves.

Il paraît d'abord, à comparer tout ce que cet inspiré dit de lui-même, qu'il était une étrange espèce d'homme, c'était un mêlange de parties hétérogènes, un composé de chair, d'esprit & d'humanité. Les théologiens, à tort ou raison, sont en possession de nous diviser en deux; mais Paul réunissait en lui trois substances, car il y avait deux hommes, dans l'homme qui s'appelait Paul, le vieil homme & le nouveau; l'homme juste & l'homme pécheur; il avait deux corps, un corps naturel, un corps spirituel. L'un était livré au péché, l'autre était l'asyle de la vérité; il était gouverné par deux loix, la loi du péché, celle de la vérité. La loi de l'esprit, celle de la chair. Ces deux personnes spirituelles & corporelles, composaient une troisième personne; & cette dernière était aussi distinguée des deux autres, que chez les alchymistes, le sel, le souffre, le mercure, trois premiers principes, le sont des corps mixtes. Tout cela est admirable; & je suis étonné que nos théologiens n'aient pas tiré un argument sans réplique de ces explications apostoliques, en faveur du mystère de la Trinité. Paul apparemment était la Trinité en petit, ou en migniature.

Tandis que la personne spirituelle était occupée à danser dans le troisième ciel, le diable ſe mettait en poſſeſſion du corps charnel, le piquait avec une épine & le criblait, jamais le pauvre Sancho-Panſa ne fut balloté dans ſa couverture, comme ce pauvre Saint l'était dans ſes corps. Tous deux voulaient différemment, parlaient un langage différent. La perſonne charnelle diſait: dans moi, c'eſt-à-dire, dans ma chair, il n'y a [1]) rien de bon, je ſuis l'eſclave [2]) du péché. La perſonne humaine dit: ſi je fais les choſes que je ne veux pas, ce n'eſt pas ma faute, c'eſt celle [3]) du péché qui eſt en moi. La perſonne ſpirituelle dit: je vis, & ce n'eſt pas moi, c'eſt le Chriſt qui vit en moi, & la vie dont je jouis à préſent [4]) dans la chair, n'eſt pour moi que dans la foi du Chriſt: ailleurs; vivre pour [5]) moi eſt le Chriſt, & mourir eſt un gain. L'eſprit du Chriſt [6]) m'a délivré du corps du péché & de la mort.

A préſent c'eſt le péché qui domine, ou qui murmure ſous ſes chaînes, tandis que la grace eſt plus abondante que le péché. L'eſt-elle moins, il triomphe en liberté; alors il garde [8]) ſon corps dans l'eſclavage, juſqu'à ce qu'il ſoit délivré de ſes fers. Dans un autre tems il eſt perſuadé qu'aucun [9]) pouvoir ne peut le ſéparer de l'amour de Dieu qui eſt dans le Chriſt Jéſus. Tantôt il combat ouvertement [10]) les apôtres, pour

---

[1]) Rom. 7. 18. 7. 12. [2]) ibid. v. 14. [3]) ibid. v. 30. [4]) Gal. II. v. 20. [5]) Phil. 7. v. 21. [6]) Rom. 8. 2. [7]) ibid. 7. v. 24. [8]) Corin. 9. 27. [9]) Rom. 7. 35. [10]) Gal. 2. II. 12.

s'acommoder au tems, tantôt il se prête [11]) à tous les caractères, prend tous les masques, & toujours pour gagner des ames.

Il déclare aux galates que s'ils [12]) sont circoncis, le Christ ne leur servira de rien; il dit aux romains, [13]) qu'étant circoncis, la loi les sauvera; il écrit aux corinthiens [14]) qu'il est indifférent au salut d'être circoncis ou incirconcis; à présent il souhaite être maudit [15]) pour ses frères les israélites, afin qu'ils puissent croire & être sauvés, la foi étant la condition du salut de l'homme; & il ajoute, [16]) parce qu'ils furent rejetés à cause de leur incrédulité, peu après il dit, que tout Israel [17]) sera sauvé, & cela parce que Dieu a tout renfermé dans l'incrédulité, [18]) afin qu'il pût avoir pitié de tout le monde. Ailleurs il dit que le Christ est le sauveur [19]) de tous les hommes, & sur-tout des croyans, & par conséquent aussi des incrédules; ailleurs il soutient que les seuls [20]) élus seront sauvés; que le reste des hommes est dans l'aveuglement; dans un autre endroit que la grace de Dieu, [21]) qui nous apporte le salut, est descendue chés tous les hommes, & que Dieu veut que tous les hommes [22]) soient sauvés, que tous connaissent la vérité.

---

11) Cor. 1. 9. 19. 12) Gal. v. 2. 13) Rom. 2. 25. 14) Corin. 1. 7. 19. 15) Tim. 9. 3. 16) ibid. 11. v. 20. 17) ibid. 11. 26. 18) ibid. 32. 19) Timoth. 1. 4 - 10. 20) Rom. 11. 7. 21) Tit. 2. 2. 22) Tim. 1. 2 - 4.

Ici il déclare que Dieu [23]) rendra à chacun ſuivant ſes œuvres; là il nous aſſure que le ſalut ne ſe gagne [24]) pas par les œuvres; il nous ordonne de n'y [25]) travailler qu'avec crainte & frayeur; & pour confirmer apparemment ſon principe, il nous dit que c'eſt Dieu qui fait & veut en nous ce qu'il lui plait.

Tantôt il prétend que ceux qui ſuivent [26]) la loi seront ſauvés; peu après il déclare que l'exécution de [27]) la loi ne juſtifiera pas la chair, & conclut qu'un homme peut être juſtifié par la foi, ſans avoir les œuvres: enſuite il ſe fait la queſtion, comme s'il ne venait pas de la réſoudre: détruiſons-nous [28]) donc la loi par la foi? Dieu nous en préſerve; nous l'établiſſons au contraire; c'eſt plaiſamment établir une loi, que de ſoutenir qu'elle eſt inutile, & qu'on peut ſe diſpenſer de la pratiquer.

Mais telle eſt la manière de raiſonner des enthouſiaſtes; ils doivent être inconſéquens au moins, s'ils ne ſe contrediſent pas.

Ma plume ſe laſſe, chère Eliſe, à retracer ici toutes les variations & les contradictions de Paul. On en ferait un énorme volume, ſi l'on voulait rammaſſer toutes celles qui ſont parſemées dans ſes Epitres, ſi on voulait peindre toutes les faces ſous leſquelles il ſe préſente, le joli Prothée que nous aurions! Humble, orgueilleux, menaçant & patelin, farceur & prédicateur,

---

23) Rom. 2. 6. 24) Eph. 1. 9. 25) Phil. 2. 12. 23.
26) Rom. 2. 2. 27) Rom. 3. 20. 28. 28) Rom. 3. 31.

joignant l'infulte à l'ironie, la morale la plus pure aux abfurdités les plus grandes; tantôt s'érigeant en prophète; & lifant mal même dans le paffé, ne pouvant prédire ce qui devait lui arriver, ni écarter les malheurs qui le menaçaient, raifonneur & maniaque, &c., &c. Bref c'était un homme à toutes faces; il le déclare lui-même. Peut-on en vérité fuivre les étendards d'un pareil apôtre? Soyons plus conféquens. On rit, de voir quatre hiftoriens affurer que la lune eft descendue au commandement de Mahomet, & on croit un feul hiftorien plein de contradictions qui dit avoir été enlevé dans le troifième ciel! un hiftorien inintelligible dans prefque tous les endroits, dont toutes les expreffions font exagérées!

Si Paul ou quelque faint de fa trempe paraiffait aujourd'hui, on le traiterait comme un fou; & probablement le Bedlam deviendrait fon troifième ciel; quel trait de folie comparable au fuivant!

"Je fuis étonné, écrit-il aux galates, *) que „vous quittiés fi promptement celui qui vous a „fait connaître la grace du Chrift, pour fuivre „un autre évangile, non pas qu'il foit bien-diffé„rent du nôtre, fi ce n'eft que des intrus veulent „vous l'expliquer autrement que nous, & en „pervertir le fens; mais quand bien même, moi „ou un ange defcendu du ciel, vous enfeignerait „un autre fens, que celui que je vous ai donné,

*) Gal. I. v. 6. 7. 8. 9.

„ne croyez pas qu'il soit anathématisé, & comme „je vous l'ai déjà dit, anathème à celui qui vous „prêchera autrement que moi. „ *)

Ce passage, ma chère Elise, te convaincra de ce que je t'ai avancé dans ma première lettre, des dissentions qui ont déchiré l'église dès son berceau, des fabrications trop communes de livres sacrés; mais quel trait d'orgueil dans Paul! quelle carrière il ouvre à l'intolérantisme! lui qui dit n'être pas digne d'entendre les concerts des anges, lui dont la bouche mortelle n'est pas capable de répéter ce qu'il a vu, ce qu'il a entendu dans le ciel, ce faible apôtre se compare à un ange, s'élève au-dessus de lui, & se donne les tons d'anathématiser des demi-dieux dont il ne pouvait supporter l'éclatante vue! Admire qui voudra sa morale; elle respire l'intolérantisme le plus outré; & à ce titre elle doit être détestée de tous les gens raisonnables. Paul, suivant l'esprit de son parti, ne voulait que la guerre, ne cherchait qu'à dominer; il disait comme son maître: **) „Je suis venu apporter le feu & la „guerre dans le monde; chrétiens, conservés-le, „ne le laissés jamais éteindre; anathème à celui „qui me suit, & qui ne hait pas son père, sa „mère, ses frères, son épouse, sa vie même;

*) St. Jérôme conclut de ces paroles qu'on doit persécuter anathématiser les hérétiques & leur doctrine futce mon père, s'écrie ce St. Docteur, je ne lui ferais pas de quartier. La douce morale!

**) Luc. 12. 4. 3. ibid. 14-26.

„rejetés-le de votre ſein, il n'eſt pas digne „d'être mon diſciple. „

La prédication militaire de Mahomet eſt-elle, pour l'horreur, au-deſſus de ces maximes, factieuſes, inhumaines? — La nature qui a gravé dans nos cœurs, ſes loix douces & raiſonnables, n'eſt donc que l'oracle de l'imposture! . . . Quand on eſt poſſédé de la fureur de parti, il n'eſt plus de frein, rien ne vous arrête, les conſéquences les plus monſtrueuſes n'effrayent point; il s'agirait du bouleverſement de l'univers, qu'un ſectaire furieux n'en prêcherait pas moins ſa doctrine! . . . O Néron! tu perſécutais les chrétiens, & pourquoi? Ils te reſſemblaient ſous tant d'aſpects! Celui qui ſouhaitait que le peuple romain n'eût qu'une tête, pour avoir le plaiſir de le détruire d'un coup, aurait encore pu aller à l'école de . . . . Eliſe je n'oſe te le nommer; tu l'as pu connaître ſi je me ſuis bien expliqué. Voilà les maximes de l'intolérantiſme, voilà ſes effets. Il nous rend ſourds à a voix de la nature; il n'eſt plus pour nous de patrie, de ſang, d'amitié, d'amour . . . il n'y a plus de l'homme que ſa férocité.

Cependant, pour finir cette Lettre par un trait qui peigne bien les contradictions de Paul, je vais te rapporter encore un paſſage d'une de ſes Epitres: "Je dis la vérité, écrit-il aux romains, „dans le Chriſt. Je ne ments point; ma con„ſcience me rendant un bon témoignage dans „l'eſprit ſaint. Je ſuis plongé dans une grande „triſteſſe, & mon cœur eſt ſans ceſſe en proie à

„la douleur; car je ſouhaitais être anathématiſé „par le Chriſt; *pour mes frères, qui me ſont „unis ſuivant la chair, qui ſont iſraélites, &c.*"

Voilà un ſouhait certainement trop charitable, fait ſur-tout pour des gens indignes d'être les diſciples du Sauveur; mais qu'eſt-ce qu'être anathématiſé? C'eſt ſuivant Matthieu être du nombre de ceux à qui le Chriſt dira: allés maudit dans le feu éternel qui vous eſt préparé. En vérité, peut-on demander à être damné éternellement pour le ſalut d'étrangers? A moins que Paul n'entendît par-là ce purgatoire, qui n'a été inventé & connu que bien des ſiècles après lui; on ne concevra jamais un pareil vœu. Il fallait ou qu'il crût que cet enfer fût un jeu, ou il fallait être fou pour demander à y être plongé éternellement. On a beau dire que c'eſt par excès de zèle, qu'il formait de pareils ſouhaits, plaiſant zèle, en vérité, que celui qui fait encourir l'indignation éternelle du Père de toute la nature! Il ne fallait pas en avoir la moindre idée pour la ſouhaiter; & Paul était ou un mauvais théologien, ou un impoſteur. Atteſter encore l'eſprit ſaint à l'appui d'un menſonge auſſi grand, n'était-ce pas profaner celui dont on ſe diſait l'apôtre? Remarque bien d'ailleurs, ma bonne amie, que Paul ne ſouhaite être damné que pour des infidèles, des ex-diſciples du Sauveur, malheureux profânes qu'il anathématiſe dans toutes ſes Epitres; c'eſt être conſéquent. On ne finirait pas, ſi on voulait écrire toutes les réflexions qui ſe préſentent abondamment à ce ſujet.

LETTRE III.

Opinion de St. Paul sur le péché originel, sur l'humanité, sur l'origine de la puissance des rois, &c.

J'avais commencé une lettre, mon aimable Elise, sur le péché originel, où je te traçais un long commentaire sur le Ch. de l'Epitre aux romains, dans laquelle ce dogme est développé. Aucune de ses absurdités ne m'échappait; j'y faisais voir que ce Conte n'était appuyé sur aucune preuve, qu'il ne pouvait expliquer aucune des bisarreries de notre nature, qu'il était ridicule dans son origine, cruel dans ses suites, affreux pour l'homme, injurieux pour Dieu. J'y faisais voir que puisque l'Eternel avait chargé un être du soin d'extirper par la mort le germe de ce péché, ce sacrifice étant consommé, il ne devait plus exister de péché originel pour nous, que le péché s'étant étendu sur toute la race humaine l'expiation devait être aussi générale; je m'écriais enfin, comme Paul, avec une douce consolation, *ultrà non servimus peccato.* Qu'il me semblait doux de voir de mes semblables vertueux, déchargés du fardeau des crimes! malheureusement je passai à *Tyburn*, (la Grève de Londres) & je vis un misérable qui n'était pas là sans doute pour n'avoir pas *servi au péché.*

Je me ſuis rappelé que mille auteurs avaient traité ce ſujet avec bien plus d'éloquence & d'énergie que moi. J'ai lu une lettre du célèbre Jean Jacques Rouſſeau genevois. La plume eſt tombée de mes mains, j'ai jeté mon papier au feu.

En reliſant St. Paul, je ſuis tombé ſur le Chapitre 12 de cette Epitre aux romains; j'y ai trouvé des maximes admirables d'humanité; quel plaiſir pour moi! J'étais comme un voyageur qui las de grimper ſur les Alpes, parvient enfin aux campagnes fleuries qui les bordent.

Que les conſeils qu'il donne à ſes frères ſont touchans! il les invite à s'aimer tous, à ſe prévenir dans leurs beſoins, à prier le Seigneur; ardens aux devoirs, hoſpitaliers, toujours contens, humbles, prudens, voilà le modèle qu'il leur trace; mais j'ai été ſur-tout ſaiſi à la lecture de deux verſets, les voici: *) "Si ton ennemi a faim, donne-lui à „manger, s'il a ſoif donne-lui à boire; ne ſois „jamais vaincu par un méchant, mais ſurpaſſe tou„jours le méchant en bienfaits„ ces deux maximes valent ſeules un gros traité de morale; elles ſont de tous les tems, pour tous les peuples. Il n'eſt point de cœur qui ne les entende; voilà le langage qu'il fallait toujours parler. Si la religion chrétienne n'avait que des maximes auſſi claires, tout l'univers ſerait chrétien; mais mettre à côté les myſtères, & cent cérémonies ridicules, mais peindre à côté un enfer ſi cruel, un paradis ſi difficile à gagner, c'eſt gâter tout le tableau. Ce ſont des ombres qui font diſparaître tous les jours. Si

*) R. c. 12. v. 20. 21.

les chrétiens cependant eussent toujours pratiqué ces maximes vraiment philosophiques, que de prosélytes ils auraient encore faits, malgré l'obscurité de leurs autres dogmes! mais il n'est pas un seul siècle de l'Eglise, où ils n'aient substitué à ces maximes, des principes sanguinaires. Par-tout on voit se multiplier mille scènes d'horreurs; c'est un *Arius* qu'on persécute, un *Wiclef*, un *Hus*, qu'on fait brûler. Ce sont des juifs qu'on immole dans un Auto-da-fé, des Albigeois qu'on écrase de foudres; par-tout ce sont des ennemis qu'on extermine. Les papistes au lieu de surpasser leurs ennemis en générosité, au lieu de les accabler de bienfaits, ne leur dressent que des gibets, des échafauds, des bûchers. Voilà comme ils pratiquent le pardon des injures. On le prêche dans les chaires; on l'abjure dans les prisons. Les ministres de la religion ont le ciel sur les lèvres, & l'enfer est dans leur cœur. Dans toutes les sectes, les chefs se portent une haine invincible; ils ne savent pas pardonner. Demandés à un catholique s'il donnerait à manger à un luthérien affamé. Ce dernier sera encore heureux, s'il n'est pas massacré; & tous les partis se traitent de même.

Admire, ma chère Elise, cette bisarrerie. Paul ne nous a transmis que deux bonnes maximes, & on ne les suit pas; il a débité mille absurdités, & on les a crues. On en a même devinées qu'il n'avait pas écrites.

Cependant dans ces maximes d'humanité, il y a toujours un levain corrompu. Si Paul conseille de nourrir son ennemi affamé, c'est afin d'amasser ſur ſa tête des charbons de feu; quel odieux motif! il eſt ſi doux de faire un heureux! pourquoi ſouhaiter d'en faire un ingrat? Ce ſerait imiter cette divinité cruelle, qui ne crée des êtres que pour les tourmenter. Je ſuis trop humain pour vouloir reſſembler à ce dieu. Si je fais un heureux, ce n'eſt pas pour le combler de malédictions, mon plaiſir ſerait trop amer.

Dans le chapitre ſuivant Paul eſt encore l'écho de la nature & de l'humanité "tous les préceptes „ſe réduiſent à celui-ci; tu aimeras ton prochain „comme toi-même. De là, tu ne tueras pas, tu „ne feras pas adultère, tu ne feras pas parjure, & „Voilà des maximes propres à toutes les ſociétés." Paul les avait puiſées dans la nature. Elle nous enſeigna avant Moïſe, avant Jéſus, avant Mahomet; que la première loi eſt l'amour de nous-mêmes, la ſeconde celui de nos ſemblables. Ces deux loix doivent être des fondemens de toute aſſociation; partout on doit les pratiquer. Elles ſont le bien qui unit les deux mondes, le turc avec le chrétien, l'européen avec le banian, le nègre avec l'américain. Si ces portugais qui avaient la fureur d'étendre dans les Indes le chriſtianiſme avec leurs conquêtes, euſſent pratiqué ces maximes, auraient-ils fait couler des torrens de ſang, détruit toutes les villes, aſſervi tout à leur joug? Si les eſpagnols, dont l'avarice ne s'aſſouvit qu'aux dépens de la vie d'un million de nègres ou d'américains, pratiquaient ces maximes, ne fermeraient-ils pas leurs mines, ou du moins n'adouciraient-ils pas le ſort des malheureux qu'ils y enterrent? Barbare, creuſe toi-même tes mines, ou ne les fais pas creuſer. *Plenitudo legis eſt dilectio.* Je rougis de le dire, nos anglais même chés qui la philoſophie a épuré le chriſtianiſme, ne ſont pas plus humains que leurs voiſins. S'ils aimaient leurs ſemblables comme eux-mêmes, auraient-ils verſé tant de ſang dans le Bengale; auraient-ils dans l'affreuſe famine, qui déſola ce pays en 1769, laiſſé périr de faim 3 millions de bengalois, tandis qu'ils avaient du ris en abondance? il fallait le partager avec eux. Il eſt ſi doux de ſauver la vie à un homme, que je ne conçois pas comment il peut y avoir des cœurs barbares !

Je le répète encore, ſi l'on trouve quelquefois dans les Epitres de Paul, de bons principes, ils ſont toujours mêlés de quelques erreurs. J'en ai la preuve ici. Dans ce même chapitre, Paul écrit à ſes frères qu'ils doivent être ſoumis aux puiſſances; il peint les rois comme les miniſtres de Dieu chargés de ſon glaive. Il recommande de leur payer les tributs, de les honorer. Le dernier précepte eſt bon, quoique le premier principe ſoit faux. Néanmoins ſi l'égliſe romaine l'eût toujours ſuivi, il n'y aurait pas eu tant de ſang verſé pour la prééminence de la puiſſance ſpirituelle. Les partis des Guelphes & des Gibelins ne ſeraient pas nés, & Rome n'aurait pas imprudemment lancé ſes foudres impuiſſans ſur des têtes couronnées; le Clergé n'aurait pas refuſé d'aider l'état dans ſes beſoins, Thomas Béquet n'aurait pas été maſſacré, enfin le Clergé français ne refuſerait pas de contribuer aux charges de l'état. Encore une fois

St. Paul était ici écouté, les sociétés auraient essuyé moins de troubles.

Mais en même tems qu'il crie ces vérités à l'univers, il ajoute que toutes les puissances viennent de Dieu *omnis enim protestas a Deo*, principe faux qui ouvre la porte au despotisme, qui change le sceptre bienfaisant du monarque, en un glaive de tyran.

Où est donc le titre qui a transmis le pouvoir de la main de Dieu dans celle des rois? qu'on le montre. Mais il n'existe pas plus que la donation de Constantin; les rois le fabriquent, leurs esclaves sont obligés d'y croire. Il y a mort pour les incrédules.

Mais par-tout où il est permis de parler librement, on dira toujours, que les rois tiennent leur sceptre de la main de leurs sujets. Tout homme est né libre. Nul n'a droit de commander à un autre ; & s'il est des chefs, c'est la force ou la volonté de leurs sujets qui les a élevés sur le trône: c'est cette volonté qui les en déplace; car ils n'y sont qu'à des conditions ; ces conditions sont d'être bons, d'être justes, *& par conséquent d'avoir appris à se gouverner eux-mêmes. Ce n'est qu'en possédant ce grand art qu'ils sont dignes de guider leurs semblables.* Dieu même cesseroit d'être Dieu, s'il n'étoit pas bon; & l'on voudroit qu'un roi injuste fût immuable!

Cette erreur de Paul a cependant été admise par l'Eglise romaine, tandis qu'elle proscrivait les vérités qu'il enseigne. Il est singulier qu'elle ait toujours pris le contrepied de ses conseils. Elle a décidé que les évêques ſeuls pourraient ordonner un prêtre, & Paul accorde cette faculté à tous les fidèles. Elle regarde l'eſprit ſaint comme une 3. partie de la Divinité, & Paul n'en parle jamais que comme d'une qualité. Elle a défendu de manger des viandes graſſes certains jours de la ſemaine, & Paul les admettait indifféremment. Elle défendait dans les premiers ſiècles de ſe metire à genoux pour prier Dieu, & Paul l'ordonnait.

Que de contradictions auſſi palpables entre Paul & l'égliſe, on pourrait encore rappeler! elle prétend cependant avoir toujours été invariable. Un de ſes docteurs (Boſſuet) qui avait la manie des converſions, auſſi orgueilleux dans la controverſe, que Jurieu était emporté, l'a voulu prouver. Il ſuffit de lire quelques pages de l'Hiſtoire eccléſiaſtique pour renverſer ſes ſophiſmes.

LETTRE. IV.

Opinions ridicule ſur la prière.

Si parmi les maximes de St. Paul on en trouve de pernicieuſes, il ne ſont que ridicules. Je t'en fournirai, ma chère amie ; quelques échantillons, qui feront le ſujet de mes Lettres.

Paul, par exemple, défendait aux hommes, de prier ou de prophétiſer la tête couverte d'un voile, comme les juifs ; il ordonnait au contraire aux femmes d'être voilées en priant pour marque de leur ſujétion, & à *cauſe des anges.*

Tout homme ſans préjugés ne concevra guère comment la même action peut être en même tems bonne & mauvaiſe. Si les hommes manquaient de reſpect pour Dieu, en priant la tête couverte, était - ce reſpectueux à une femme de garder ſon voile pendant l'office ? Vouloir concilier ces défenſes, c'eſt vouloir marier le blanc avec le noir.

Comment d'ailleurs attacher une idée de reſpect à un acte phyſique indifférent au bien & au mal ? Peut - on raiſonnablement penſer que le culte de Dieu ſoit profané, parce qu'un homme reſtera la tête nue ou couverte, fera la révérence gauchement, reſtera de bout ou aſſis en priant, au lieu de diminuer ſon individu d'un pied & demi en ſe mettant à genoux ? Peut-on croire que Dieu ſoit glorifié par des arlequinades de cette eſpèce, qui ne conviennent qu'à des ſinges ? Enfin peut-on croire qu'il récompenſera ces ſimagrées, ces contorſions d'un bonheur infini ? Si cela était, s'il était vrai qu'on gagnât le paradis avec de pareilles momeries, je ne prierais jamais l'Eternel qu'au fond d'un puits, (je ſerais plus humble,) j'achetterais au poids de l'or le ſot talent de ſavoir mettre reſpectueuſement le pied droit derrière le pied gauche, & d'être une machine révérencieuſe ; je mettrais non ſeulement ma tête à découvert, mais encore tout mon individu. L'hommage n'en ſerait que plus complet. . . . . Mais non, ce n'eſt point cette bégueule qui marmote 2 ou 3000 mots latins par jour, ce n'eſt point ce citoyen inutile à l'état qui paſſa toute ſa vie à rendre la peau de ſes genoux *plus dure que celle d'un chameau*, ce n'eſt point ce pâle janſéniſte qui baiſſe hipocritement les yeux, & qui toujours le chapelet au doigt, & ſon grand feutre à terre, a ſoin d'avertir le public par de gros ſoupirs, qu'il eſt prédeſtiné & dévot honoraire, ce ne ſont point tous ces perſonnages que Dieu récompenſera; mais bien cet honnête patriote qui aime ſes concitoyens, les ſoulage, dont toutes les actions tendent au bien-être de la ſociété, ce héros qui pratique ce précepte ſublime : Adore un Dieu, ſois juſte, & chéris ta patrie; voilà le ſeul homme digne du bonheur infini; & le donner aux autres, c'eſt vouloir peupler le ciel de pantalons, de ſinges & de pies.

C'eſt à cauſe des anges que Paul ordonnait aux femmes d'être voilées; mais avait-il peur que ces beautés groſſières tentaſſent des êtres purs & leur ſoufflaſſent de la concupiſcence? Y avait-il des Alcmènes avec leſquelles ces anges euſſent bien voulu bâtir quelques petits Amphitrions?

Cette ordonnance de Paul devait être agréable à ces papillons femelles qui de coquette ſe transforment en prudes, de prudes en dévotes, & qui indignées de n'être plus rien dans le monde, veulent par humilité être quelque choſe dans l'égliſe.

Graces en ſoient rendues à Dieu! cet uſage ne ſubſiſte plus de nos jours, au moins dans une grande partie de la chrétienneté. Plus compatiſſans que Paul, nous ne damnons point les femmes pour prier dévoilées; & plus charitables que lui, nous ne croyons point la troupe fpirituelle affez fragile, pour convoiter des appas charnels. Si nous avions tant de foi à la fragilité des anges, quel amant, chère Elife, pourrait être tranquille, quel mari pourrait fe tâter le front fans trembler? Car ces efprits aériens voient tout, & font invifibles. Ils affiftent au coucher, au lever, à la toilette d'une belle contre tant de fylphes & d'efprits fragiles; une jolie femme pourrait-elle réfifter? L'Auteur français de ces contes moraux, traduits dans notre langue, a peint une Elife fidèle, dans fon mari fylphe, mais elle n'eft que d'imagination. Une femme refufer un ange! Ce ferait un prodige.

Il ferait cependant à fouhaiter, pour le bonheur des pauvres humains, qu'en réalifant cette pieufe rêverie un efprit compatiffant daignât rendre une vifite à une mortelle. Le poupon qui fortirait de cette copulation célefte aurait, fi le célèbre naturalifte français dit vrai, toutes les qualités de l'ange. Cette progéniture d'un écuyer de la Cour éthérée ferait un beau préfent à faire au monde. Il verrait jufques dans le cœur, il lirait nos penfées, à mefure qu'elles fe formeraient dans l'ame, dévoilerait la fine hypocrifie, le fourbe, le fcélérat; il dirait en voyant ce directeur étaler une face vermeille en public, voilà un mignon de couchettes de dévotes; en voyant un petit-maître, un beau, étaler auprès des femmes une jolie figure, il n'eft homme qu'en peinture; en voyant un gazetier imprimer des menſonges; il doit à ſon boulanger, à ſon cabaretier; en voyant des Stilling-fleet, des Jachſon, des Gilbert Weſt, s'égoſiller ſur le compte des déiſtes; leurs plumes ſont à l'enchère; en voyant le prince des poètes français ſe berner avec quelques libertins des décrets du ciel, il dirait: les enfans chantent quand ils ont peur, que ne verrait-il pas? O mon Eliſe; que d'amans rayés de notre Liſte!.. En un mot ce ſerait un vrai diable boiteux qu'il faudrait payer pour gouverner les autres. En finiſſant cette Lettre, je te permets, ma chère amie; de prier ſans voile. Peu jaloux de ton ange gardien, je n'en envierai jamais le ſort, puiſqu'il eſt réduit à contempler tes graces. Contemplation n'eſt pas jouiſſance; & pour une femme un inviſible eſt un zèro. La roſe qui reçoit les careſſes du papillon, s'inquiette peu de l'épine qui la garde.

LETTRE V.

Don des langues, don de prophétie examinés.

Je ne crois pas qu'une femme puiſſe jamais entreprendre l'apologie de Paul. Dans toutes ſes Epitres il les critique. Je ne parle point du ridicule qu'il jette ſur les veuves qui paſſent à un ſecond mariage. C'eſt une faute qu'aucune de ton ſexe ne lui pardonnera ; mais un commandement plus impardonnable encore s'il eſt poſſible, eſt le ſilence que Paul preſcrivait aux femmes dans l'égliſe. Cet homme n'entendait rien à la nature.

Tu n'ignores pas, ma chère amie, que dans l'origine de l'égliſe les hommes & les femmes avaient le don de prophétie & des langues. Si avec une ſeule, tant de femmes font de nos jours un vacarme inſuportable, quel bruit ne devaient-elles pas faire avec vingt ? Cette conſidération engagea ſans doute Paul, à défendre aux femmes de parler dans l'égliſe. Il avait tort, ce devait être une comédie charmante que de voir une centaine de ces femmes prophéteſſes & ſavantes dans pluſieurs idiomes, raſſemblées entr'elles. L'une traveſtie en ſibylle, hurlait en arabe quelques prédictions groteſques ; l'autre écorchait en latin un cantique ; celle-ci comme une Bacchante criait qu'elle était inſpirée, & finiſſait par ſe pâmer ; celle-là dans le cerveau de laquelle l'eſprit ſaint était deſcendu en forme de vapeurs, écumait de rage, paraiſſait tout de feu, annonçait de grands coups, & terminait la phraſe par prédire le paſſé. Une femme ſavante, un docteur en fontange eſt un objet bien-ridicule. Que devait être une furie en pompons ? . . .

Il fallait prier pour avoir le don des langues ou celui de prédire. On ne pouvait pas les poſſéder tous deux à la fois. C'eſt Paul qui nous l'aſſure. Il faut être femme pour ſavoir combien devaient être embarrassées nos dévotes des premiers siècles dans le choix de ces deux dons. Si le don des langues était si précieux, combien plus l'était celui qui pouvait satisfaire leur curiosité? En vertu de la baguette divinatoire, une femme découvrait les infidélités de son mari, l'objet de son inconstance; elle voyait ce qui se passait dans son cœur; en réalisant la fable absurde de l'anglaise introscope de nos jours, elle lisait dans le cœur de son époux toutes ses pensées, ses sensations avec cet étrange secret de prophétie une laïs aurait vu que ce jeune Chevalier qui papillonnait, bourdonnait autour d'elle, était plus gueux qu'un gascon, plus glorieux de ses bonnes fortunes qu'un irlandais, que ce riche barbon qui lui rendait ses hommages sterlings, & convoitait ses appas n'était qu'un vieux fusil rouillé, elle aurait vu que ce minois ecclésiastique qui lui vantait saintement la béatitude céleste de toucher ses charmes terrestres, voulait lui faire un funeste présent. Tant de béguines de tous les siècles avec le don de la prophétie, auraient démasqué l'hypocrisie scélérate de leurs benins directeurs, qui leur extorquaient des donations, des contrats sous le nom du ciel, & qui les faisaient aller en Enfer par le chemin du Paradis. La Cadière aurait vu que son confesseur était plus ardent pour ses charmes que pour son salut; elle aurait vu que si les jésuites ne courent pas comme les carmes après les plaisirs de Cythère, ils n'étaient pas si recalistrans pour le péché mignon des bonzes. Enfin avec le ſecret de prophétie les femmes auraient découvert mille jolis ſecrets qui méritaient qu'on préférât ce talent à celui de jaſer éternellement.

Tous les contes que débitent Paul & tous les autres écrivains eccléſiaſtiques ſur ce don des langues & de prophétie, méritent-ils aucune foi? Pierre qui avait converti dans un ſeul ſermon, 3000 perſonnes, arabes, juifs, latins, avait beſoin pour entendre le latin de Claucia ſon diſciple, pour le grec, de Marc qui rédigea dans cette langue un Evangile qui porte ſon nom. Notre apôtre des gentils quoique pleinement doué du talent de parler toutes les langues, ſe faiſait par précaution accompagner d'un interprête dans tous les pays qu'il parcourait. Tel était le cher diſciple Thimothée, & d'autres le furent après lui. Les miracles dans toutes les religions ont toujours quelqu'ombre, quelque tache. L'homme y perce toujours.

Que de raiſons on pourrait oppoſer à cette prétendue illumination générale des premiers fidèles! Dans quelle ſource nos hiſtoriens ont-ils puiſé tous ces faits? Au défaut du vrai n'ont-ils pas ſubſtitué des productions de leur chaude imagination?

Car 1°. comment concevoir qu'un homme puiſſe exprimer des idées ſuivies & compliquées par des ſons dont les combinaiſons lui ſont inconnues, & ſe faſſe entendre par la prononciation de ces ſons? Le moyen de croire que Dieu va donner à 30 ou 40000 perſonnes le don des langues & celui des prophéties ? Aurait-ce été pour convertir les infidèles ? Mais un infidèle qui n'aurait ſu que le latin, ſe ſerait-il converti parce qu'il aurait entendu ſortir de la bouche d'un chrétien quelques ſons baroques, inconnus ? En ſuppoſant que ce païen en connût la valeur, qui lui aurait certifié que ſon prédicant ne ſavait pas cette langue autrement que par infuſion, & ne l'avait pas appriſe ? Ne voit-on pas dans l'hiſtoire que bien des perſonnes tel que le fameux Pie de la mirandole, poſſédaient ſept, huit, dix langues ? Ces prodiges ne ſont pas rares. La plupart des commerçans ont ce talent.

Peut-être en voyant une aſſemblée de chrétiens parlant différentes langues, un païen aurait été étonné, & peut-être il ſe ſerait converti ; mais on avait un ſoin particulier d'interdire le ſpectacle de ces cohues religieuſes aux infidèles. Auſſitôt qu'il en paraiſſait un, tous ſe taiſaient ; on ſe ſouvient des myſtères d'Eleuſine. Un homme qui y aurait aſſiſté, interrompait toutes les cérémonies. Cette conduite eſt celle que tenaient les premiers chrétiens. Comment l'erreur & la vérité, peuvent-elles avoir des côtés ſi reſſemblans ? Pourquoi ſe cacher quand on fait une bonne action ? Pourquoi en dérober la connaiſſance au public ? Le culte des chrétiens aurait-il été profané par les regards d'un infidèle ?

2°. Aucun hiſtorien païen ne nous atteſte ces faits incroyables de dons de langues & de prophétie. Les fidèles étaient répandus, nous dit-on, dans tout l'Empire, tous ces fidèles jouissaient de ces précieuses facultés, & des historiens qui ont été à portée de les voir ne nous en instruisent pas! Josephe l'historien qui mille fois aurait dû en être le témoin, qui graces à la main adroite des premiers chrétiens, parle des miracles de J. C. ne nous aurait pas rapporté quelques-uns de ceux de ses disciples! Cela n'est pas dans la nature . . . malheureusement on n'a pu prévoir tout.

3°. Paul sur lequel on se fonde pour soutenir ces prétendus prodiges, est pris manifestement à contre-sens. Par prophètes, il n'entend point des gens qui possédaient l'art de prédire l'avenir; mais bien des hommes éclairés, chargés d'instruire leurs semblables, d'enseigner le christianisme. Il joint toujours le mot prophétiser à celui de parler. Le texte de toutes ses Epitres prouve évidemment la vérité de cette explication. Il suffit de les lire. Les hébreux interprètaient ainsi le mot prophète. Les théologiens en conviennent. Ce mot prophète en hébreux ne signifie que docteur, homme éclairé.

4°. Les apôtres qui avaient ce don de prophétiser le communiquèrent à Simon le Magicien, impie avéré. Donne-t-on à un scélérat qu'on savait n'avoir aucune foi, un talent qui ne se donnait qu'à ceux qui possédaient la foi? Ces prophètes, loin de pouvoir prédire l'avenir, ne voyaient pas même le présent. Ils ne voyaient pas que Simon le magicien n'était qu'un imposteur.

5°. Nous n'avons aucun reste de ces prophéties parmi des millions de prophètes, des millions de prédictions. Il est bien cruel que le tems ait tout enseveli, tandis qu'il nous a conservé des livres apocriphes. Le sublime ouvrage qu'on prête ici à Dieu! Il aurait créé un million de prophètes, souflé cent millions de prophéties, & le siècle suivant, il n'en aurait subsisté aucun vestige! Intervertit-on l'ordre de la nature 100,000,000, de fois pour un rien, pour un ouvrage qui ne dure qu'un instant?

6°. Paul qui comme chef aurait dû avoir une bonne dose de cet esprit prophétique, écrivait lors de sa captivité à Rome, qu'il espérait en la grace, mais qu'il ne savait pas, quand les fers tomberaient de ses mains : par cet échantillon, qu'on juge de l'esprit prophétique qui animait la sequelle subalterne.

Que de graces, que de remercîmens, ma chère amie, nous aurions à faire à cet essaim de demi-inspirés, s'ils eussent prédit les maux qui devaient un jour affliger la chrétienneté, s'ils eussent prédit qu'il viendrait un tems où l'univers chrétien se diviserait pour des mots grecs ou hébreux que personne n'entendrait, où l'on corromprait l'Evangile où l'on interprèterait à contre-sens ses paroles, où l'on fabriquerait des miracles, s'ils eussent prédit les hérésies d'Arius, de Nestorius, les iniquités du St. siège, les cruautés de l'inquisition, les absurdités de nos théologiens, les ridicules cérémonies qu'on inventerait, &c!

Si tous les fidèles des premiers ſiècles étaient inſpirés, pourquoi ne pas ſe ſervir de ce talent pour rendre leurs deſcendans heureux, pour écarter les maux qui les menaçaient? Avec de pareils oracles l'Europe chrétienne n'aurait pas perdu dix à douze millions d'hommes dans une guerre entrepriſe contre des hommes qui ne nous faiſaient aucun mal; mais qui avaient le malheur & l'inſolence de porter des bonnets au lieu de chapeaux. Avec de pareils oracles, un pauvre catholique ne ſerait pas réduit, ſous peine de damnation, à manger des légumes au lieu de viande, certains jours de la ſemaine. Mes inſpirés auraient ſagement dit à leurs deſcendans: "de la chair & des légumes ne ſont toujours que la même matière différemment modifiée. Manges donc de l'un & des autres indifféremment. Leurs modifications ſont indifférentes au bien & au mal. Penſer le contraire, c'eſt judaïſer notre maître. St. Paul l'a dit." Epit. aux Corinth. 1. v. 5.

En rapprochant notre ſiècle de celui de la primitive égliſe, tu peux voir, ma chère amie, leur reſſemblance. Nous avons eu des énergumènes, des prophètes dans notre ſiècle; car quel ſiècle ne produit pas des foux? Rappelle-toi les prédications des quakers, ces miracles dont les réfugiés français voulurent nous donner le ſpectacle après la guerre des Cévennes, & où échoua la charlatanerie de leurs prêtres. Rappelle-toi ces ſcènes d'illuminés que Paris a vues il n'y a pas longtems. Le cimetière de

St. Médard était le théâtre de leurs promesses. On y vendait des miracles ; c'était la maladie épidémique du tems ; tout Paris était inspiré, & ces inspirations étaient de contrebande. L'auteur de ces pieuses momeries était un diacre nommé Paris, qui avait tout vu dans la croix de son divin maître, excepté sa folie, qui avait tout prévu, excepté que sa secte serait bornée ; c'était l'Abbé Joachim du dix-huitième siècle. Tous les âges se ressemblent. La scène que donnaient dans l'Asie les fidèles illuminés il y a 1700 ans fut jouée à Paris il n'y a pas longtems. Il n'y va que du plus au moins dans le jeu des acteurs. Etudions, ma chère, les sottises de nos semblables, objet du mépris des sages, ils doivent toujours les ridiculiser.

LETTRE VI.

Justice ecclésiastique.

On a dit avec raison qu'il fallait proscrire toute religion qui fait un corps particulier dans l'état. Jésus reconnaissait lui-même la vérité de cette maxime ; *divisum imperium in se desolabitur.* Le bonheur d'un état dépend de l'union de ses membres : & cet esprit d'union peut-il exister lorsque des novateurs se couvrant du masque de la religion ordonnent impérieusement à l'homme de se séparer de ses amis, de ses parens, de ce qu'il a de plus cher au monde? Il n'eſt point de patrie pour qui ne ſonge qu'au ciel. Il en eſt encore moins pour qui croit ne pouvoir l'acheter que par le ſacrifice de ſon être, de tout ce qui l'environne. Prêcher donc, comme l'ont fait les apôtres, & non pas Jéſus, prêcher à l'homme une abnégation abſolue de ſa famille, de lui-même, c'eſt lui arracher les titres ſacrés de citoyen, d'homme; c'eſt lui clouer la férocité dans le cœur: c'eſt lui donner un poignard pour ſe tracer le chemin du ciel. Que deviendra donc la ſociété ſi ſes membres ſont obligés de ſe regarder comme des étrangers, s'ils ne peuvent ſe ſauver qu'aux dépens les uns des autres? *Diviſum imperium in ſe deſolibatur.*

Paul répétait ſans ceſſe à ſes ſectateurs que les païens étaient en horreur au Seigneur: qu'ils feraient plongés dans les peines de l'enfer. Il leur recommandait de ne pas faire ſociété avec eux. N'était-ce pas élever un mur de ſéparation entre les chrétiens & les païens? N'était-ce pas allumer le flambeau de la guerre?

Il eſt ſur-tout un chapitre où Paul prêche ouvertement la ſédition, où il exhorte ſes proſélytes à ne point reconnaître la Juriſdiction des païens. C'eſt le Chapitre 6 de la première Epitre aux corinthiens.

Il leur fait de ſanglans reproches de ſoumettre leurs différens au jugement des impies: "Si le „monde vous juge, leur dit-il, vous êtes au-„deſſous des plus vils des hommes. Enſuite il „s'écrie d'un ton illuminé: ignorés-vous que

„nous jugerons les anges? A plus forte raiſon „devons-nous être les juges des ſéculiers. Un „chrétien ne doit pas ſoumettre la déciſion de ſon „différend avec un autre chrétien au jugement „d'un impie. Ne ſavés-vous pas que ces impies „n'entreront jamais dans le royaume des cieux, „&c.?" Après cette déclamation vient une tirade empoulée & inintelligible, où l'apôtre dit que la nourriture eſt au ventre, le ventre à la nourriture; que le corps de l'homme n'eſt pas à la fornication, mais à Dieu: que Dieu eſt au corps, &c. Entende qui pourra ce fatras: il faudrait ici les yeux d'un Ædipe.

Mais dans le lambeau que je viens de te rapporter, ma chère Eliſe, tu as vu avec quelle audace, Paul arrachait ſa ſecte à la juriſdiction des païens. Il voulait que tous ſes différends fuſſent vuidés dans ſon ſein même; il voulait couper tous les liens qui uniſſaient les chrétiens aux païens; il voulait élever une nouvelle ſecte au milieu de l'ancienne. N'était-ce pas prêcher la ſédition? De pareilles maximes ne devaient-elles pas attirer ſur leur auteur un châtiment ſévère?

Le moment où l'on naît, eſt celui où l'on contracte envers la ſociété, l'obligation de la défendre, de contribuer à ſon bonheur, d'obéir à ſes loix. Citoyen, ſi leur dureté te révolte, retire-toi; tu ès libre. Tes obligations ſont rompues; hors de la patrie elle n'a plus de droits ſur toi: tu n'en as plus ſur ſon ſecours. Mais tu n'ès qu'un ſéditieux puniſſable ſi portant dans ton cœur un mécontentement, une haine ſecrète pour tes chefs, tu cherches à les gliffer dans les cœurs de tes concitoyens. La patrie ne te force point à être malheureux fous fes loix. Elle t'en ôte le joug. Mais pourquoi vouloir l'ôter à ceux qu'il rend heureux?

Tel eft le langage que la paganifme pouvait tenir à Paul; de quel droit viens-tu nous troubler? De quel droit viens-tu dérober mes fujets à ma juftice?

Les chrétiens poffédaient des biens fous l'Empire romain : s'ils avaient des procès c'était aux tribunaux établis par le Prince qu'ils devaient fe décider. Le corps ou le chef de la législation, quelque foit d'ailleurs fa religion, a feul la manutention de la police de fon royaume. Seul il a le droit d'empêcher les vexations, de réprimer les ufurpations. En lui feul réfide la puiffance législative ; s'il confie à des juges une partie de fon pouvoir, c'eft à eux qu'un fujet opprimé dont les biens ont été ravis, dont l'honneur a été déchiré, doit s'adreffer pour avoir une réparation.

Ces principes font adoptés aujourd'hui dans l'Europe par le Clergé même. Le Clergé ne refufe plus comme autrefois de procéder dans les tribunaux féculiers. Ce corps poffeffeur dans prefque tous les états d'un tiers des biens réels, qu'il doit à l'ufurpation, à l'extorfion ou à fa duplicité, ce clergé qui foutenait autrefois avec tant de hauteur par la bouche de l'audacieux Thomas Becquet, qu'il ne devait pas reconnaître des juges temporels a changé de langage.

Dans ces tems malheureux où l'ignorance couvrait la terre de fon voile épais, où des évêques ofaient rafer un empereur, où des papes ofaient difpofer à leur gré des empires, où des moines extorquaient par-tout des donations pour le ciel, où des prêtres excommuniaient tous ceux qui ne voulaient pas fe laiffer duper, dans ces tems où la cour de Rome était le centre des procès, où, comme dit le fanatique Bernard, *dies diei eructat lites, nox nocti* : où Rome, au lieu de compter 30000 mille guerriers conduits par l'honneur & le patriotifme, ne comptait que 30000 procureurs, fangfues affamées, occupés éternellement à déchirer leurs cliens ; dans ces tems enfin où dans toute l'Europe le clergé attirait à lui la connoiffance de toutes les affaires, dans ces tems la juftice était entièrement la proie des prêtres. Ils ne reconnaiffaient pas l'autorité des juges féculiers. Toute la terre devait tomber à leurs genoux. On puniffait le téméraire qui ofait en douter. Qui pourra compter les loix ennuyeufes, iniques, que les papes promulguaient alors : des compilations altérées, les décrétales fuppofées, les injuftices criantes, les enchères mifes à la décifion des procès, les brigandages, les rapines, que l'on commettait dans tous les tribunaux eccléfiaftiques ? Qui pourra compter les batailles que les difputes fur les limites de la puiffance fpirituelle ont fait donner, les flots de fang qu'elles ont fait couler. . . . . Frédéric en fut la victime, Frédéric qu'un pape fon fujet foulait à fes pieds.

Voilà pourtant les funestes effets de ce commandement de Paul aux chrétiens, de ne point se laisser juger par les tribunaux séculiers. Il ne se ressouvenait pas alors que son maître avait dit que son royaume n'était pas de ce monde. S'il n'est pas de ce monde pourquoi donc arracher aux rois leurs droits? Pourquoi s'arroger une jurisdiction, un empire despotique sur les hommes? Pourquoi ne pas se soumettre? Nous jugeons, disait Paul, les anges, comment ne jugerions-nous pas les hommes? Qu'elle absurde rêverie! Où Paul avait-il vu qu'il serait le juge des anges? Qu'avait-il à juger entr'eux? Y a-t-il donc aussi des différends, des procès dans le ciel? Etait-ce avec un espoir aussi chymérique que Paul détruisait la justice séculière?

Que ses successeurs ont bien-suivi bien-entendu ses maximes! Malheureusement pour eux Luther commença à défiller les yeux; & la philosophie achevant cette grande opération, fit tomber tout à fait la cataracte. On reconnut la sage distinction qu'il fallait faire entre le spirituel & le temporel. On reconnut qu'un état ne pouvait avoir deux maîtres, qu'un roi devait être le chef de sa patrie, comme de sa religion, qu'il devait veiller à la pureté du culte: on reconnut que si les hommes doivent être chrétiens, ils doivent aussi être citoyens & sujets. Que c'est là leur première qualité, que les ministres de la religion, jouissant de ces titres, devaient, comme les autres, être soumis aux loix, aux tribunaux. On détruisit donc le pouvoir excessif des évêques; Rome se purgea de tous ses procureurs. Il aurait fallu arracher entièrement les officialités ; on ne voit pas pourquoi en détruisant le tronc, on a laissé subsister cette branche. Ce bonheur n'est peut-être pas loin. Mais on devrait avoir encore un soin bien plus important. Puisque les rois sont occupés à relever leurs faisceaux brisés par la main des ecclésiastiques, *) il faut détruire le mal jusques dans sa racine. C'est dans Paul & les autres apôtres que le clergé a puisé toutes ses maximes séditieuses; c'est là où ils trouvaient que les prêtres ne devaient reconnaître aucun supérieur ; ces ouvrages sont encore entre les mains de tout le monde. Il faudrait ou les prohiber, ou les faire corriger. On a corrigé les meilleurs poètes de l'antiquité; pourquoi ne corrigerait-on pas un auteur qui enseigne des maximes contre les gouvernemens: maximes qui ont fait condamner des Guignards à la mort?

---

*) Le Roi de Naples a publié récemment un édit par lequel il attribue aux évêques de son royaume la collation des bénéfices qui y étaient sujets à la nomination du pape. (*Note du Traducteur*)

LETTRE. VII.

Vision de Paul.

Tu dois t'apperçevoir, ma chère Elise, dans l'examen que je fais de l'histoire des Epitres de Paul, que je ne suis pas beaucoup l'ordre, & que je cours d'une matière à une autre; de la véracité des écrits de cet apôtre, j'ai passé à la discussion de ses contradictions; j'ai fait voir ensuite le ridicule de quelques-unes de ses maximes. Maintenant je vais examiner la vérité de ses visions, de ses inspirations. Une autre fois je te prouverai que ce Paul ne suivait exactement aucune religion, ou plutôt qu'il les embrassait toutes à la fois, qu'il mettait le judaïsme avec le christianisme.

Rien n'est plus aisé que de prétendre avoir des visions & des inspirations dans ses songes. Qui peut découvrir l'imposture des gens qui s'affichent pour visionnaires? Lorsque des mensonges favorisent une secte, lorsqu'ils sont consignés dans ses archives, débités par ses partisans, qui dira qu'ils ne sont pas masqués au coin de la vérité? Si Whitefeld, ou Wesleys ou quelqu'autre enthousiaste venait nous dire: Messieurs, j'ai eu une vision, j'ai été inspiré dans un songe, cette nuit. . . . On lui rirait au nés; on sifflerait le moderne Joseph, & probablement il n'y aurait que ses sectateurs qui pourraient être persuadés que le Christ lui aurait apparu.

Je parle de ces foux, parce qu'à mon avis ce sont eux qui affectent le plus d'avoir des visions, à titre d'enthousiastes les plus célèbres de notre siècle; cependant quel croyant pourrait attaquer leurs rêveries? Qui pourrait prouver que l'apparition du Christ est une chymère enfantée par le délire d'une imagination échauffée?

N'était-ce pas sur ces visions que Jean Reeves, & Louis Mugleton fondaient leurs impostures? Supposés la vision de Paul vraie, celle de ces prédicans fausse; supposés cette dernière vraie, celle de Paul fausse, ou toutes fausses ou vraies; quelle circonstance, quel raisonnement pourra jamais nous découvrir la vérité de ces faits? Comment pourrons-nous les distinguer? A quel signe? Ils se ressemblent sous tous les aspects. Le nombre des partisans ne fait rien à l'affaire; parce qu'alors la balance pancherait, non pas en faveur de la véritable vision, mais de celle qui serait soutenue par un plus grand nombre de foux. Reeves n'eut pas de témoins de l'apparition du Christ; Paul en avait à la vérité; mais qui étaient ces témoins? On ne les connaît que par ce qu'allègue Paul en sa faveur Une mauvaise rélation d'un historien très-confus. Voilà l'authentique histoire, pour laquelle on exige une foi implicite. Voilà tout ce qui démontre que Paul n'était pas un imposteur, un enthousiaste; voilà tout ce qui appuie la vérité de la religion chrétienne. Si c'est la foi d'une multitude de croyans qui donne la sanction, de l'autorité aux faits, quelle secte un peu nombreuse ne mettra pas son culte hardiment sur l'autel de la vérité? Mahomet fut d'abord traité d'imposteur; mais est-il regardé sous un côté si odieux dans les immenses contrées où règne son culte, où ses loix sont encensées? Nie-t-on en Turquie la vérité de ses visions, de l'apparition de l'ange Gabriel? Quatre historiens croyables, s'il en est, n'attestent-ils pas le prodige de la descente de la lune sur la terre aux ordres de Mahomet? Nous rions de tout cela, nous autres chrétiens. Un catholique berne l'imbécille mahométan. Il ne sait pas, que *mutato nomine de ipso fabula narratur*; car procurera-t-il mieux la véracité de la vision de Paul? Est-elle mieux appuyée que celles de Mahomet? Des deux côtés il y a historiens, partisans & croyans. Si donc on ne peut croire l'une sans ajouter foi à l'autre, si on ne peut détruire l'une, sans renverser l'autre, comment reconnaître la véritable? A quel caractère distinguer l'imposteur? Quel audacieux le nommera, lui jettera la pierre? Concluons donc de tout ceci, ma chère amie, que les visions ne prouvent rien en faveur d'une religion, parce qu'elles n'ont jamais aucune certitude. Les extases sont une affaire de tempérament, d'organisation. Une tête chaude, un sang acre & bouillant, des nerfs irrités, des esprits profondément affectés de certaines sensations, voilà leurs caufes ordinaires, chés les peuples du midi, les extatiques font donc communs. Voilà pourquoi les Don Quichote, les Térèze, les Ignaces ont fourmillé en Efpagne. Ils font rares dans le Nord, chés les lapons, par exemple, dont les efprits engourdis & obtus, font difficilement émus. On l'a dit, & il n'eft que trop vrai, une faignée, quelques refraichiffemens donnés à Mahomet, & la moitié du monde ne gémirait pas fous le joug de l'Alcoran.

Cette explication des vifions, puifée dans la nature, nous découvrira pourquoi les juifs & les chrétiens ont regorgé d'hommes à vifions & à contorfions. Le climat qu'ils habitaient, leurs efprits vivement & fortement imprégnés de leurs opinions; leurs jeûnes; leurs diètes, leurs méditations exceffives, leur folitude. — N'en voilà-t-il pas fuffifamment pour tourner la tête aux hommes? Une fimple titillation dérange leurs cerveaux, & les jette à Bedlam. Joignés à cela dans les chefs, la manie de fe diftinguer, la fureur de dogmatifer.

Combien la religion naturelle eft fupérieure à tous les autres cultes fous ce point de vue! elle n'a pas befoin de ces frêles appuis. Gravée dans toute la nature, elle n'a pas befoin de fe forger des armes dans l'ombre de la nuit; elle dit à l'incrédule: vois, entends contemple-toi, toi-même, & reconnais ton maître. . . . . Ses rivales, les autres religions crient toutes à l'homme: ferme les yeux, & crois que tu as vu. . . . .

Mais examinons à préſent les différentes relations de la principale viſion qu'eut Paul, celle qui opéra ſa converſion. Elle eſt conſignée dans ſes Epitres, & dans les Actes des apôtres; ces Actes dont on ignore l'auteur. Si le fait eſt vrai, s'il eſt atteſté par des témoins oculaires, ſi l'eſprit ſaint a préſidé à ſa rédaction, les deux récits doivent être uniformes, ſans aucune différence, ſans aucune variation. Un dieu n'a pas deux viſages, ne ſoufle pas le froid & le chaud.

D'abord il y a une contradiction palpable dans le récit fait par l'auteur des Actes des apôtres, & dans ce qu'il met à la bouche de Paul. *)

Dans le premier endroit il dit ceux qui accompagnaient Paul reſtèrent ſans parler, *entendant une voix*, & ne voyant perſonne.

Mais Paul ou Saul lui-même dit: ceux qui étaient avec moi, virent bien une lumière; mais *n'entendirent point* la voix **) de celui qui me parlait.

Comment concilier ces contradictions, n'eſt-ce pas avilir l'eſprit ſaint que de les lui prêter? Le ſecrétaire de Paul dit que ſes compagnons entendirent la voix; Paul aſſure au contraire, qu'ils ne l'entendirent point. Ces circonſtances ſont cependant eſſentielles pour la certitude du miracle & de la viſion, & ſi le même rédacteur, c'eſt-à-

*) Apôt. I. 9. 7. **) 2. ibid. 22. 9.

dire, l'esprit saint se contredit si formellement dans le récit d'un même fait, quelle foi doit-on ajouter à ses inspirations ?

Mais veut-on que les compagnons de Paul n'aient pas entendu la voix ? Alors ou cette voix était corporelle, ou elle était spirituelle. Dans le premier cas la vibration du son devait se faire suivant le cours ordinnaire de la nature, sur tous les corps qui se rencontraient à distance convenable & conséquemment sur les voisins de Paul ; supposer cette voix spirituelle, c'est fournir des armes à l'imposture. L'inspiré, pouvait alors prêter à Dieu bien des impertinences. Il était le maître d'altérer sa vision, de la compasser sur son intérêt. Il fallait donc que la voix fût entendue de ceux qui accompagnaient Paul ; autrement comment auraient-ils pu attester la vision ?

Veut-on qu'ils aient entendu la voix, qu'elle les ait jetés dans l'étonnement ? — Pourquoi ne se sont-ils pas convertis comme Paul ? Pourquoi ce miracle n'a-t-il pas fait sur eux l'impression qu'il fit sur l'apôtre des gentils ? Celui-ci était instruit, & éclairé, prévenu d'ailleurs contre les chrétiens, moins susceptible conséquemment d'illusion. Ceux qui l'accompagnaient, remplis à la vérité des mêmes préjugés que lui, mais n'ayant ni son étude, ni ses lumières, devaient plutôt que lui être frappés par leurs sens. Le miraculeux, le surprenant frappe toujours l'ignorant, & lui fascine les yeux. L'homme éclairé, au contraire pour qui les bornes de la nature sont plus reculées, familiarisé avec ses écarts & ses phénomènes, les voit de sang-froid & sans en être surpris. L'expérience la plus commune sur l'aimant & l'électricité, qui chés nous attire à peine les regards du savant, serait regardée comme un brillant effet de l'art magique, chés le lapon ou le groenlandais. Il était donc plus dans la nature, que le miracle de la vision de Paul opérât la conversion des compagnons de Paul que la sienne. Le contraire est précisément arrivé ; n'est-ce pas un fait invraisemblable ?

Mais à quoi se réduit ce miracle d'une voix que Paul entendit, tandis qu'on ne voyait personne ? Toutes les histoires sont remplies d'aventures surprenantes, qui, pareilles à celle de Paul, avaient l'air de miracle, & cependant étaient fort-naturelles. On sait que bien des personnes ont le talent de contracter leur voix, de la nuancer, de l'étendre de façon qu'elle paraisse venir de loin, d'une personne étrangère. Un français a fait l'histoire de ces ventriloques ; il rapporte des faits surprenans, & mille fois plus surprenans que l'aventure de Paul ; en voici un échantillon : un abbé engastrimiste ou ventriloque causait auprès du feu avec une personne qui paraissait révoquer en doute ces histoires & qui ignorait le talent de l'Abbé ; celui-ci voulut lui en donner une preuve convainquante. Un moment qu'il cessait de parler, & sans qu'il parût aucune altération sur son visage, ce particulier entendit une voix de la rue qui l'appelait ; cette voix paſſa enſuite à la cheminée, dans la chambre près de lui ; il ne voyait cependant perſonne, & l'abbé lui parlait de tems à autre. En ſorte qu'il ne l'aurait jamais ſoupçonné, s'il ne ſe fût découvert, pour lui ôter tout germe d'incrédulité, il eut en ſa préſence une converſation avec lui-même où il parlait & répondait. Les voix étaient différentes & paraiſſaient être à intervale. . . . .

Que l'abbé eût été un homme à prétentions, à parti, que de miracles n'eût-il pas opérés en maſquant un peu la nature ! Si Paul était ventriloque, ce n'était qu'un écolier, & combien peu de foi doit-on ajouter à cette voix ſurnaturelle, puiſque la nature opère des effets mille fois plus ſurprenans. . . ?

Que te dirai-je, ma chère Eliſe, de deux autres contradictions auſſi frappantes au ſujet de cette viſion ? L'hiſtorien dit : les compagnons de Paul reſtèrent immobiles ; *) mais Paul lui-même, en racontant ſon hiſtoire, dit : lorſque nous fûmes tombés à terre **) ſûrement le St. eſprit a abandonné l'anonyme dans l'un ou l'autre récit, à moins qu'on ne ſuppoſe, qu'ils reſtèrent d'abord immobiles en réfléchiſſant, s'ils tomberaient à terre ou s'ils répondraient. Dans le même récit on lit : comme Paul ***) voyageait, auſſitôt parut autour de lui une grande lumière, deſcendue du ciel. Paul lui-même raconte cette circonſtance de la même manière ; mais dans ſa

*) A. 9. 7. 22. 6. **) ibid. 26. 14. ***) ibid. 9. v. 3.

harangue au roi Aggrippa il dit: „O roi! *) „je vis ſur le midi dans le chemin une lumière „qui deſcendait du ciel bien au-deſſus de la „clarté du ſoleil, paraître autour de moi & de „ceux qui m'accompagnaient„ voilà dans le même récit deux contradictions bien-palpables; & ſi les Epitres de Paul ſont canoniques, c'eſt faire en vérité beaucoup d'honneur à l'eſprit ſaint que de mettre ſur ſon compte deux menſonges évidens. Quelle différence ne trouveras-tu pas encore, ma chère Eliſe, dans les deux endroits où ſont rapportées les paroles prononcées par cette voix miraculeuſe, ſi tu veux les comparer? Avec quel art, quelle fineſſe, Paul dans ſa harangue au roi Agrippa, amplifie, exagère les paroles de cette voix! Comme il mêle le faux au vrai! comme il les revêtit des mêmes couleurs! comme il ſoutient avec dignité le rôle d'inſpiré! Il dit, par exemple, que le Chriſt lui dit, qu'il le choiſiſſait pour ſon miniſtre, pour l'apôtre des gentils, &c. pas un mot de tout cela dans l'autre récit. On lui dit d'aller à la ville, qu'il y apprendra ce qu'il doit faire . . . ſi ces paroles ſont trop myſtérieuſes, les autres ſont trop claires. . . . La vérité n'a qu'un viſage. Juges à préſent, ma chère, ſi Paul en eſt l'oracle.

*) A. 26. 13.

LETTRE. VIII.

Explication naturelle de la converſion de Paul.

L'occaſion fait les grands hommes : elle fait les fanatiques, comme les philoſophes. Placés Socrate au ſeizième ſiècle, & le doux Socrate aurait ſûrement, par les ordres de ſon doux maître, égorgé dans la nuit de St. Barthélemi des gens qu'il n'aurait jamais connus ; mais qui auraient eu l'audace d'aſſurer ne rien voir, ne rien ſentir, là où ils ne voyaient, ne ſentaient rien. Tout dépend des circonſtances. L'âge où l'on commence à vivre, l'éducation que l'on reçoit, les préjugés qu'on ſuce, les cercles qu'on fréquente, les hommes avec qui l'on vit, voilà où l'on doit chercher la clef de toutes nos actions. Un antropophage tranſporté dès le berceau dans notre Europe, n'aura pas les mœurs de ſon pays.

Si les hiſtoriens avaient daigné, chère Eliſe, nous tranſmettre toutes les circonſtances intéreſſantes de la vie de Paul juſques à ſa vocation à l'apoſtolat, nous ne ſerions pas dans une obſcurité ſi grande ſur les motifs qui le déterminèrent à embraſſer le chriſtianiſme.

Si nous en croyons les Pauliſtes, Paul était un faiſeur de tentes, employé au ſervice de pauvres pêcheurs. Sa naiſſance, ſon état, n'étaient pas élevés. On ne fait comment il parvint à se faire instruire par le juif Gamaliel, ce juif qui fit un si mauvais raisonnement pour empêcher le sanhedrin de proscrire le christianisme qu'il favorisait. Ce Gamaliel faisait honneur à son disciple; peut-être fut-ce lui qui introduisit Paul parmi les lévites, dans la maison du Grand-prêtre. Né avec de l'esprit & de l'ambition, le disciple ne mit plus de bornes à ses espérances. Le Grand-prêtre avait une fille jolie; Paul en devint amoureux. Réussit-il ou non auprès de la belle? C'est encore un mystère; en tout cas, s'il parvint à lui inspirer de l'amour, à obtenir quelques faveurs, sans doute elles furent cuisantes; car il déclare dans une de ses Epitres que le baiser d'une femme est un poison mortel. Il est heureux pour les chrétiens d'avoir des maîtres remplis d'expérience en tout genre.

Le Grand-prêtre, à ce qu'il paraît, ne goûta pas les projets de Paul. Il n'était pas lévite; comment aurait-il pu devenir son gendre? La loi le défendait.

Néanmoins c'était toujours dans cette espérance que Paul servait ardemment tous les desseins de celui dont il briguait l'alliance, qu'il persécutait les chrétiens, qu'il portait le fer & la flamme par-tout . . . il ignorait alors que ces pauvres persécutés, avaient été jadis ses confrères, & qu'il deviendrait un jour un de leurs plus ardens défenseurs.

C'était dans ses dispositions de fureur contre les chrétiens qu'il partit pour Damas accompagné de quelques fattellites pour emprifonner les chrétiens qui s'y trouvaient.

Ce fait nous a été tranfmis par l'auteur des Actes des apôtres; mais eft-il bien vrai? Il fuppofe que les juifs avaient la puiffance civile, que le grand prêtre en était dépofitaire; il fuppofe faux, les romains étaient les maîtres dans la Judée; Pilate condamna à mort Jéfus Chrift.

En adoptant d'ailleurs ce fait, c'eft nous préfenter Paul fous l'idée d'un fergent, qui avec une efcouade de vauriens, va faire quelque indigne exécution. Le bel apprentiffage pour l'apôtre des nations!

Quoiqu'il en foit il paraît que le refus du Grand-prêtre de la main de fa fille, à notre bon apôtre, fut l'époque & l'origine de fon changement de religion. Voilà la voix furnaturelle, qui lui reprocha les perfécutions qu'il faifait éprouver aux chrétiens. On ignore la manière dont Paul découvrit la ruine de fes efpérances; mais cette découverte fut la lumière affreufe qui l'éclaira fur fes projets chymériques; il donna les premiers momens à la douleur. Concentré dans lui-même, abforbé dans la profondeur de fes noires idées, il fembla renoncer à l'exiftence pendant quelques jours; mais des amis confolent, le tems paffe l'éponge fur le paffé, de nouvelles idées fuccèdent; le preftige, comme une écaille, tombe des yeux de Paul, & il devint chrétien, parce qu'il ne pouvait plus être le gendre du Grand-prêtre; d'autres réflexions ſans doute le déterminèrent à embraſſer ce parti.

Il vit que les chrétiens n'étaient pas toujours fort-patiens, qu'en continuant à les perſécuter, il aurait pu payer de ſa vie les tourmens qu'ils ſouffraient par ſes ordres. Il avait devant les yeux l'exemple de l'oreille de Malchus coupée, de la mort affreuſe de Judas pendu. Dieu ſait par les ſoins de quel homme charitable il vit qu'en changeant de parti, il allait acquérir une gloire qu'en vain il avait cherchée dans la tribu de Lévi. Son eſprit, ſon ſavoir, pouvaient le rendre chef de cette ſecte naiſſante. Ses partiſans apportaient leur or, leur argent aux pieds des apôtres. Paul n'était peut-être pas un abbé Brizel; *) mais enfin il eſt doux de diriger & d'être dépoſitaire. Paul ne voyait que des avantages à embraſſer ce parti. Il en devait être careſſé; & en devenant l'appui & le défenſeur, après en avoir été le fléau, ceux qui connaiſſent la force des deux plus grandes paſſions de l'homme, l'ambition & la vengeance, ceux qui ſavent à quels excès elles portent ceux qui en ſont les eſclaves, doivent voir, quel plaiſir Paul devait avoir en enviſageant une perſpective où il pouvait ſatiſfaire ſon ambition, éteindre ſa ſoif de la vengeance. Quelle douceur pour une ame ambitieuſe dont les élans percent au-delà de l'avenir, qui ne connaît point de bornes dans

---

*) Abbé fort-connu dans ce ſiècle par les excroqueries qu'il faiſait à ſes pénitentes.

ſes deſirs, de pouvoir aſſervir à ſes volontés la moitié du monde entier! Cette ſuavité n'eſt pas faite pour ces eſprits apathiques, qui glacés dans toutes leurs idées, portent dans tout le froid raiſonné, & ne connaiſſent point les délires, les ſublimes accès, les belles fureurs de l'enthouſiaſme. Son langage n'eſt entendu que des Mahomet, des Loyola, des Queſnel, des Paul. . . . .

Paul avait en outre la ſatiſfaction en ſe faiſant chrétien, de pouvoir s'oppoſer aux deſſeins du Grand-prêtre, de braver ſes coups, de rire de ſes menaces, de détruire ſa religion avec lui-même. C'eſt alors que jetant un coup d'œil ſur l'avenir, il lui diſait: Dieu l'exterminera, muraille reblanchira; il jouiſſait par avance de ſes peines. . . .

Croit-on que de ſi puiſſans motifs n'aient pas été capables de déterminer la vocation de Paul? Couvert du manteau de parti, il ne tarda pas à en deviner l'eſprit, à ſe mouler ſur les chefs, à les ſurpaſſer dans leurs fredaines. Les miracles, les révélations, les viſions à la mode. Paul en eut, cela était dans l'ordre. C'était la voie la plus ſûre pour monter; mais en homme habile, il ſut mettre par-tout du myſtère, afin de n'être jamais pouſſé à bout. Voilà pourquoi ſon voyage dans le ciel eſt un myſtère qu'il ne peut révéler; voilà pourquoi il avait des voix ſecrètes, qui lui parlaient, des apparitions qui n'étaient ſenſibles qu'à lui. Il faiſait dire à ſes génies tout ce que les circonſtances rendaient néceſſaires pour l'exécution de ſes projets. O Nymphe Egérie, vous qui donnâtes de ſi bons conſeils à Numa! O génie bienfaiſant de Socrate, vous avez eu bien des enfans! Le monde n'eſt rempli que de plagiats.

Voilà, ma bonne Eliſe; l'hiſtoire de la vocation de Paul. Tu pourras l'appeler un Roman, & je ſouſcrirai ſans peine à ton jugement; mais nous mettrons au même rang celle que les Actes des apôtres nous ont tranſmiſe. L'hiſtoire que je te donne, a ſur cette dernière un grand avantage; c'eſt qu'elle explique très-naturellement, par quelques allégories, les prétendus miracles opérés à la converſion de Paul; par exemple, ce jeûne de trois jours, ces écailles qui tombent des yeux, ſont à mon avis des phraſes dans le goût oriental. Un ambitieux dont les eſpérances ſont détruites, un amant qui a perdu l'objet de ſes vœux, ſe déſeſpère, oublie ſon exiſtence & ſes beſoins. Voilà le jeûne; la raiſon reprend ſon empire, ouvre les yeux du fou, & les écailles tombent; ce ſens n'eſt point entortillé; on n'eſt point obligé pour le trouver de donner la torture aux mots. Plut à Dieu que les ténébreux commentateurs de la Bible en euſſent expliqué auſſi naturellement les endroits obſcurs, & ne ſe fuſſent pas ridiculiſés en voulant ſpiritualiſer, & couvrir du voile de la religion des chanſons obſcènes, comme le lubrique cantique des cantiques! On ne peut me reprocher ce défaut; mon hiſtoire eſt prouvée par toutes les circonftances rapportées dans les Actes des apôtres, & par les veftiges qui nous reftent de l'hiftoire des Paulistes.

Ne crois point, ma chère amie; que je t'aie fait un portrait de Paul d'après mon imagination; lis fes Epitres; tu y verras éclater fon ambition pour le gouvernement, le defpotifme qu'il mettait dans fes fyftêmes, la fureur avec laquelle il damnait fes ennemis. Sous le mafque de l'humilité, il était dévoré par l'orgueil. Egoïfte éternel, il parle de fes fouffrances, de fes douleurs; il les compare à celles de fes frères, & il a toujours foin de les élever au-deffus. Que penfer de l'humilité d'un homme qui écrit: nous fommes en fpectacle à Dieu, aux anges, aux hommes. Sénèque l'avait dit du fage luttant contre la fortune; mais le païen Sénèque n'avait pas dit: *c'eft moi*, ne te laiffe point féduire, ma chère amie; par ce ftyle fade & doucereux, par ces phrafes qui ne font plus que des formulaires infignifians, de ferviteur indigne, de pécheur, &c. Paul les emploie fouvent; mais ce font des grimaces. Alexandre fix s'intitulait le ferviteur des ferviteurs de Dieu; & ce ferviteur des ferviteurs de Dieu n'était qu'un fcélérat. Ces fignes d'humilité, n'en font que des apparences trompeufes. — Diogène marchait fur le magnifique tapis de Platon, & lui difait: je foule aux pieds l'orgueil de Platon; avec un orgueil plus grand, lui répondit le fage Platon. Voilà le portrait de nos humbles Tartuffes.

LETTRE IX.

Autre explication de la vision & de la guérison de Paul.

En lisant ces jours derniers, ma chère Elise, l'ouvrage d'un *) de nos compatriotes, qui n'a pas peu contribué à dissiper les ténèbres qui nous enveloppaient, je suis tombé sur un passage, où il parle de ce fameux miracle de la conversion de Paul, dont les contradictions firent le sujet de ma dernière lettre. Il donne de cette conversion une explication assez vraisemblable: „ne serait-il pas probable, dit-il, qu'un éclair „horrible eût aveuglé Paul, tandis qu'il voyageait, „qu'un coup de tonnerre, accompagné d'un foudre „affreux de vent, l'eut renversé à terre, avec sa „troupe? Alors ses nerfs ayant été trop vive„ment affectés par cet accident subit, ses esprits „ayant été trop agités, le désordre le plus grand „se serait introduit dans sa machine. Il aurait „tour-à-tour éprouvé les accès impétueux de la „fièvre & du délire. Dans cet état un jeûne „de trois jours est-il un prodige sur-naturel? „Son imagination partageant le désordre de son „corps n'aurait produit que des rêveries informes: „les apparitions, les visions, enfans ordinaires du

*) Bollton, observations sur le pirronisme. Livre fort rare. (Note de l'auteur.)

„délire, productions fantastiques d'un cerveau „affoibli & délabré, se seraient multipliées. Dans „ce paroxisme de fièvre, il est fort-aisé de „s'élever jusqu'au troisième ciel, d'entendre des „voix secrètes, de converser avec les anges, de „voir des choses merveilleuses qu'on oublie au „réveil; il est fort-aisé de voir dans un rêve „d'une imagination excédée, *in excessu mentis*, „comme disait Pierre, des anges descendre du „ciel, dresser une table garnie de toutes sortes de „viandes. . . . Sancho-Pansa à jeûn depuis deux „jours, aurait eu sans effort une pareille vision; „& sans recourir aux foux de Bedlam, quel est „l'homme qui dans le sommeil, ne s'égare pas „dans des songes aussi bizarres? Rustan, *) ce „bon bourgeois de cachemine, ne traversait-il pas „des montagnes, des précipices? ne se battait-il „pas avec mille guerriers? ne voyait-il pas des „bons & des mauvais anges? ne couchait-il pas „avec la princesse dans son superbe palais? ne „faisait-il pas tous ces brillans exploits dans „son lit? dans sa chaumière? dans une heure? „Ah! Monsieur Paul, où en serions-nous, si les „visionnaires avaient crédit parmi nous?

„Qu'on ne me parle pas de son jeûne, con„tinue ce philosophe anglais; quels effets prodi„gieux la nature humaine peut produire! sans „parler de ceux que l'art **) a quelquefois contre-

*) Rustan, Conte persan traduit en anglais. (Note du Traducteur.

**) L'histoire de toutes les sectes est remplie de pareilles contrefactions. La possession des religieuses de Loudun qui fit périr le malheureux Grandier, est la plus frappante. (Note du Traducteur.)

„faits, pour le malheur des hommes! Qu'on lise „les histoires des infortunés attaqués par des „vapeurs hystériques ou hypocondriaques. „Sidenham *) en racontant les maux horribles „soufferts pendant un long espace de tems, par „une fille d'un tempérament délicat périodique-„ment sujette à cette maladie affreuse, s'écriait: „Qui pourra jamais concevoir, comment cette „fille a pu supporter un travail si terrible? „Qu'on s'imagine tout ce que peuvent faire „d'efforts, de violence, les corps les plus „robustes, cela n'approche point encore des „mouvemens prodigieux de cette malade. . . . „Quelquefois elle s'élevait de deux pieds au-„dessus de son lit dans la violence des „secousses. . . .

„Qu'est-ce qu'un jeûne de trois jours auprès „de ces prodigieux efforts de l'humanité? Les „cénobites, *) habitans de cet hôpital de fous „bizarres si renommés en France, ne nous „donnent-ils pas des scènes aussi surprenantes, „par leurs jeûnes, & leurs diètes multipliées & „journalières? il n'y avait donc rien de surnaturel „dans le jeûne de Paul.„

„N'en concluons pas néanmoins, que l'inter-„prétation que je donne du miracle de sa conver-

*) L'auteur anglais déclare dans une note qu'il entend parler ici des farces & des parades données par les moines *de la Trape*. Le traducteur ne peut se dissimuler que ceci est fort-irrévérentieux ; mais la fidélité de la traduction. . . . (Note du Traducteur.)

„fion foit vraie. Non, elle n'eft que vraifem„blable; elle eft dans la nature; mais la nature „a bien des jours. Je pourrais défendre mon „opinion avec avantage, citer comme nos théolo„giens, beaucoup d'auteurs, étaler une érudition „inutile, & finir, comme eux, par ne rien éclaircir. „Je reffemblerais alors à cet aveugle, qui, encore „dans les ténèbres, s'écriait qu'il voyait la „lumière. . .

J'ai voulu, mon amie, te rapporter ce paffage en entier, parce qu'il refpire un air de candeur & de vérité qui m'a plu. Je foufcrirai volontiers à la conféquence tirée par cet auteur; mais en même tems j'en tirerai une autre bien-concluante contre le prétendu miracle de la converfion de Paul c'eft qu'un prodige contre lequel s'élèvent tant de poffibilités contraires, ne peut jamais être l'ouvrage du Tout-puiffant. S'il veut faire éclater fa puiffance en faveur de la doctrine d'un de fes envoyés, c'eft par des faits au-deffus des forces de la nature, ou plutôt c'eft en violant les loix immuables qu'il a pofées pour le gouvernement de cet univers. Voilà le caractère ineffaçable que Dieu imprime à la doctrine qui defcend de lui; autrement pourrait-on diftinguer fa voix de celle d'un impofteur? On ne peut donc pas conclure des circonftances qui accompagnèrent la converfion de Paul, qu'elle fut miraculeufe, puifque toutes ces circonftances étaient dans la nature; avec le paroxifme que notre philofophe fuppofait dans Paul, on expliquera toutes les rêveries qu'il débita après ſa conversion, toutes les inconſéquences, les contradictions qui ſont parſemées dans ſes épitres. *)

Sans nous y arrêter ici, examinons les miracles qui ſuivirent la converſion de Paul. Ils ſont bien prodigués. Un prodige le rend aveugle; il en faut trois pour lui rendre la vue. Suivons-en l'encadrement.

D'abord le Chriſt quittant la place glorieuſe qu'il occupe à la droite du Père éternel, va trouver un quidam nommé Ananias. Il lui apparaît en viſion, (car ce n'eſt jamais que dans ce louable couſtume qu'il paraît) il l'envoie vers Paul, lui donne ſon addreſſe, le nom de la rue, de la maiſon, de l'hôte. . . Le ſeigneur lui dit: lève-toi, va dans la rue qui eſt appelée droite, informe-toi, demande la maiſon d'un Judas où loge Paul de Tarſe.

Il eſt aſſez étrange dans le fonds que le Chriſt, qui eſt eſcorté de dix ou douze légions d'anges, au lieu d'envoyer à Ananias de ſes céleſtes meſſagers, fit lui-même une commiſſion ſi peu importante. Avant ſa naiſſance, auparavant qu'il parût ſur la terre, il chargeait de ces commiſſions Meſſieurs, Gabriel,

*) On a retranché ici une longue kyrielle d'inutilités ſur ce paroxiſme; tel eſt le genre anglais, long & prolixe, il approfondit tout. Je fais ici, ce que le fameux Abbé Prévot a fait aux romans de Richardſon; j'élague, je coupe. (Note du Traducteur.)

Michel, &c. Si le Chriſt prit la figure d'un ange pour annoncer à Marie qu'elle ferait mère, fallait-il donc qu'il deſcendît en perſonne, des céleſtes demeures, pour indiquer à un perſonnage obſcur le nom d'une rue, d'une maiſon? On a reproché à Homère d'avoir dégradé la majeſté des dieux, en leur faiſant partager les querelles des hommes, & épouſer leurs paſſions. Le rôle que l'auteur des Actes des apôtres, fait jouer à la Divinité, la défigure encore davantage.

Mais comment le Chriſt apparut-il à Ananias? Etait-il viſible? Ne l'était-il pas? Au premier cas, comment Ananias dormant a-t-il pu le voir? S'il était viſible, où eſt la certitude de la viſion? Ananias a-t-il pu atteſter avoir vu ce qu'il n'avait pas vu?

Il eſt aſſez probable qu'Ananias ſommeillait fort dans cette viſion; car il prête à l'Etre ſuprême une impertinence, une contradiction & un menſonge; mais auparavant de le prouver, examinons le ſecond miracle.

Dans le tems préciſément que le Chriſt apparaiſſait, ſans apparaître, à Ananias, celui-ci faiſait le même rôle dans la chambre de Paul; car cet apôtre vit le troiſième jour dans une viſion (le chriſtianiſme eſt apparemment tout en viſion, car on ne le fonde que ſur des viſions) un homme nommé Ananias (il eſt aſſez probable que cet homme portait ſon nom gravé ſur ſon front comme Caïn) cet homme entre, met la main ſur les yeux de Paul afin de le rendre à la lumière . . . . . . & le dénouement de cette belle vision, c'est que Paul ne vit pas davantage & resta toujours aveugle.

A quoi servait donc cette apparition, puisque Paul n'en fut pas moins privé de la lumière? Il semble que ce prodige, ne soit qu'un préparatoire? On serait tenté de comparer le Dieu de Paul à ces ridicules charlatans, qui pour masquer leur fourberie, étalent toujours un appareil fort-inutile, mais imposant. Voilà l'idée que fait naître le récit des miracles qui suivirent la conversion de Paul.

Dans cette dernière vision, l'absurdité est encore à un plus haut degré que dans l'autre. Un aveugle qui avait des écailles sur les yeux, voit entrer un homme! cela ne quadre pas trop.

Il faut avouer, ma chère amie, que ces visions sont d'une grande commodité, pour établir une religion naissante. On les a à souhait, personne n'en est témoin, on fait parler qui l'on veut, on met dans la bouche des apparaissans, ce qui est le plus favorable à son parti, on interprête les rêves toujours sous le plus beau jour. Je ne suis point surpris qu'à l'aspect de tant d'avantages, les premiers chrétiens aient copié les oracles en songe qui se rendaient dans le paganisme; le nombre a toujours été fort-grand de cette espèce d'oracles. Cette manière de faire parler la divinité, prête plus que toute autre au merveilleux; d'ailleurs elle n'est pas fort-difficile. Souviens-toi de ces oracles de Trophonius qui se rendaient en songe avec tant d'appareil que d'ablutions, que d'expiations, que de facrifices! Il fallait jeûner pour confulter en fonge. L'oracle d'Amphiaraus; fi les fonges ne pouvaient pas recevoir quelqu'interprétation fpécieufe, on vous faifait dormir dans le temple à nouveaux frais. Tout excitait à donner des idées dans le fommeil. Les fens vivement agités, irrités par le jeûne, l'odorat fortement frappé par les odeurs, & les drogues dont étaient frottées les peaux fur lefquelles on couchait; comment après tant de préparations ne pas s'égarer dans des rêves? Et quels rêves ne pouvait-on pas appliquer au confultant? Il eft fingulier qu'Eufèbe & les autres premiers écrivains du chriftianifme aient turlupiné fi fouvent les païens fur leurs oracles en fonge. La réponfe à leurs turlupinades était dans leurs mains; car Paul & Pierre n'étaient que des plagiaires, des païens, & ne bâtiffaient leur nouveau culte que fur des fonges. Le fecond miracle dont nous avons parlé, outre le voile épais qui l'environne, ne paraît être qu'un ouvrage de furérogation.

Enfin Ananias partit, en obéiffant à fon rêve, entra dans la maifon, demanda Paul, lui impofa les mains & lui dit: "Le Seigneur Jéfus qui *t'a* „*apparu*, frère Paul, *dans le chemin* m'a envoyé „vers toi, pour te rendre la vue, & te remplir de „fon efprit faint; & auffitôt on vit tomber de fes „yeux comme des écailles," & Paul vit: d'abord celui qui était apparu à Ananias ne lui avait point donné la miffion de faire defcendre l'efprit faint fur frère Paul, comme Ananias l'annonça.

Il lui avait ſimplement enſeigné ſa rue, ſa demeure; il lui avait encore prédit la gloire future de Paul; mais on ne voit point qu'Ananias ait été chargé de donner ou communiquer l'eſprit à Paul, premier menſonge qu'Ananias met dans la bouche du Chriſt.

Autre impoſture; Ananias pour annoncer le Chriſt qu'il avait vu en ſonge, dit qu'il avait apparu à Paul dans le chemin de Damas. Cependant rien n'eſt plus faux; Paul dans la viſion qu'il eut ſur le chemin, ne vit point le Chriſt; il entendit une voix, fut frappé par une grande lumière, qui l'aveugla, & le jeta à terre. Tel eſt le récit que dans ſes épitres, il nous fit lui-même de ce prodige. Il n'y eſt aucunement fait mention du Chriſt. Paul déclare même qu'il ne vit aucun homme, qu'il ne ſait d'où la voix partait. Pouvait-il appercevoir quelque objet? Le foudre de lumière lui avait ôté la vue. Ananias ſavait-il mieux que lui la vérité du fait? Ce trait d'impoſture a encore été copié par Barnabas, qui en introduiſant Paul dans l'aſſemblée des apôtres, leur raconta, comment le Chriſt lui était apparu. Ces contradictions, ces altérations du même fait doivent jeter bien des ombres ſur l'authenticité des Actes des apôtres. S'ils ont été dictés par l'eſprit ſaint, il faut ou que la vérité ne ſoit pas une, ou que ſa bouche ſoit l'oracle & de la vérité & du menſonge.

Enfin Ananias ne pouvait être inſtruit de la circonſtance du prodige arrivé à Paul. Le

Chrift en lui apparaiffant ne l'inftruifit point de ce fait, on peut s'en convaincre en lifant fes difcours. D'où pouvait donc venir à Ananias la connaiffance de la vifion de Paul ? On aurait befoin ici d'une vifion pour expliquer cette défectuofité ; & il paraît bien que la harangue du bon Ananias a été faite après coup, ainfi que la vifion quant aux écailles ; on aurait dû en meubler quelque églife ; ces précieufes reliques auraient très-bien figuré avec ces offemens d'animaux, qu'on vendit dans la fuite pour des offemens de faints, bons, loyaux & marchands.

LETTRE X.

Anges, Démons.

Jufqu'au tems où parurent les prétendues épitres de Saint Paul, la croyance des démons, c'eft-à-dire, des mauvais anges occupés à tourmenter les hommes fur la terre & dans l'enfer, n'était pas encore bien établie parmi les chrétiens. Les juifs croyaient bien qu'avant la création, des anges s'étaient révoltés contre Dieu, qu'ils avaient été précipités dans les enfers ; mais ils ne s'étaient pas imaginés que Dieu s'en fervît comme d'inftrument pour perfécuter les hommes. Ils étaient bien-loin de foupçonner que ces êtres euffent la faculté de fortir du cachot ténébreux dans lequel ils étaient plongés : de faire des voyages fur la terre pour y recruter des compagnons de misère. Ils étaient bien-loin d'attribuer à ces invisibles damnés de l'ascendant sur les hommes, le pouvoir de deviner leurs pensées, leurs actions futures, de s'introduire, de loger dans l'ame des hommes, & d'en tourner à leur gré les ressorts.

Ces rares & sublimes chymères furent les productions du cerveau de Paul, & des autres apôtres. Les païens avaient un cerbère, des Euménides; mais ils ne les multipliaient pas sur la terre. Ils avaient comme les juifs des faunes, des dieux tutélaires, ils croyaient même à des génies malfaisans; mais ils ne leur accordaient pas toute l'étendue du pouvoir qu'on donne aux démons chez les chrétiens.

Ces derniers ont renchéri sur les autres, ils ont pillé le paganisme & le judaïsme; mais ils ont ajouté aux larcins qu'ils ont faits. Je ne m'entretiendrai aujourd'hui avec toi, ma chère Elise, que des démons aériens, de ces démons qui se glissent dans l'ame suivant Saint Paul, qui occasionnent les mauvaises pensées, & de ces démons incubes & succubes qui engrossent les femmes.

Je vais te rapporter une conversation que j'eus avec un Docteur de Sorbonne à leur occasion. Comme la Philosophie qui règne dans l'Europe, a jeté un grand ridicule sur l'histoire de ces démons, ce docteur ne voulut pas tout d'un coup convenir de leur existence; je lui dis, pour l'engager à s'ouvrir, qu'ils ne devaient pas rougir d'y croire, qu'ils n'étaient pas les feuls dans l'univers, que la croyance des génies familiers bons & mauvais avait été généralement adoptée. Cette réflexion, me répondit-il, m'a frappé, & m'a déterminé; & je n'ai jamais pu m'imaginer que tous les peuples fe foient accordés à fe tromper, les païens en croyant aux faunes & aux laves, les juifs à des dieux tutélaires, les africains à des fétiches; mais croyés-vous, lui demandai-je, que ces démons malfaifans foient de l'efpèce de ceux qui fouffrent les tourmens de l'enfer? Auraient-ils la liberté de s'échapper à leurs fuplices? Je ne le crois pas, & je donne dans l'opinion des rabbins qui nous enfeignent que les génies aériens font des créatures que Dieu laiffa imparfaites le Vendredi du foir, & qu'il n'acheva pas étant prévenu par le jour du Sabbat. Perfonne ne l'a dit à ces rabbins, & ils n'étaient pas témoins. Mais la preuve que ce fait eft vrai, c'eft que ces efprits que ni eux, ni vous, ni moi, n'avons jamais vu, aiment les montagnes & les ténèbres.

Avec cette opinion merveilleufe on explique tout. On renvoie d'abord les anges rebelles dans les enfers. On explique comment les anges épris de la beauté des femmes, couchèrent avec elles & leur firent des enfans. On explique les incubes, &c. Ces anges ne font pas tout-à-fait des hommes; mais ils en ont des parties; or avec ces parties, vous entendés qu'ils peuvent faire, ce que des échappés d'enfer qui n'ont point de corps ne peuvent pas faire. Sans cette interprétation des rabbins, comment concevoir qu'un être ſans corps en ait produit un? Cela eſt vrai, mais au-moins, ſelon les rabbins, les enfans que font ces eſprits doivent être différens de ceux des hommes, puiſque ces eſprits ne ſont que des hommes à demi-faits le Vendredi veille du Sabat — Auſſi exiſte-t-il une différence, car l'écriture nous apprend que de la copulation Angélica Femelle ſortirent des géans, & Monſieur Sprenger très-Révérend Dominicain Inquiſiteur, qui a eu le bonheur de faire brûler pendant ſa vie 5 ou 600 hérétiques & juifs, nous aſſure que de ces conjonctions d'incubes avec les femmes, il ne ſort que des enfans peſans qui ſont en état de tetter quatre à cinq nourrices; — à merveilles! ces eſprits font des géans & des enfans gros & peſans, parce qu'eux-mêmes ne ſont que des demis-hommes compoſés d'air très-léger. Je ne doute point que par la raiſon des contraires, un homme de 500 livres ne parvienne à faire un ange, un être inviſible; mais l'hiſtoire de ces incubes eſt-elle prouvée? — Comment prouvée! mais démontrée. Sans parler ici de mes bien-aimés rabbins qui s'expliquent un peu confuſément ſur cet article; de l'écriture qui n'en parle point, St. Auguſtin n'aſſure-t-il pas l'exiſtence des Pans, des Faunes, des Sylvains. Ne dit-il pas que ce ſont les anges incubes qui ont careſſé & careſſent des femmes, qui en ont des enfans? Et le concile, tenu devant Sigiſmond, où l'on décida que l'accouplement des incubes avec les femmes était poſſible, parce qu'un pigeon s'était bien accouplé avec une vierge! Et Meſſieurs Detrio, Sprenger, Delauère, célèbres théologiens, ajouta-t-il en ôtant ſon bonnet; c'en eſt aſſez, mon père, vous me démontrés clairement avec vos autorités. . . J'ai cependant encore un petit ſcrupule. St. Chriſoſtôme dit qu'il y a de la folie à croire que les démons s'allient avec les femmes, & qu'une ſubſtance incorporelle puiſſe ſe joindre à un corps pour engendrer des enfans. Et Caſſieſſer Philoſtrais, Evêque de Breſſe qui fait 1000 ſermons, n'aſſure-t-il pas la même choſe? Et le Concile d'Ancyre ne traite-t-il pas de rêveries & d'illuſions toutes ces hiſtoires d'incubes, n'excommunie-t-il pas ceux qui y croient? — Ancyre, me dit le Docteur, ville grecque & ſchiſmatique: voyés un peu le beau raiſonnement de St. Chriſoſtôme! Si une ſubſtance incorporelle ne peut ſe joindre à un corps, il s'enſuit que nous n'avons pas d'ame: que Dieu ne peut ſe joindre à un petit morceau de pain; il s'enſuit que deux & deux font quatre, qu'un accident ne peut exiſter ſans ſubſtance, qu'il y a une différence réelle entre l'ame & le corps. Quelles abominables conſéquences! — Il eſt certain que vous devriés mettre à l'Index, pendre, brûler même tous ces algébriſtes, ces phyſiciens, qui oſent avancer des principes ſi faux, qui ont par exemple encore l'audace de dire que le contenant doit être plus grand que le contenu; mais voudriés-vous bien m'apprendre comment ces incubes parviennent à engroſſer nos femmes? — Ces êtres prennent un corps: il eſt formé d'une ſubſtance légère, ils ont la faculté de ſe transformer en mâle ou femelle : comme ils ne peuvent produire de la ſemence, il faut qu'ils en volent aux hommes, & voici comment s'opère le larcin. Le démon traveſti en femme couche avec un homme; chargé du précieux dépôt qu'on lui a confié, il ſe transforme auſſitôt en homme, & va rendre à la femme qu'il adore le précieux dépôt qu'il a reçu. — Quelles ſubites métamorphoſes! mais le démon ne ferait alors qu'un canal ; & je ne conçois pas comment en faiſant paſſer ce dépôt humain par un canal infernal, & de celui-là dans un autre, les eſprits de la ſemence ne ſe diſſipent pas ; car les médecins nous diſent que l'eſprit des eaux minérales froides, & celui de l'extrait de romarin ſe diſſipe en un clin d'œil. Que ſera-ce donc de l'eſprit de la ſemence matière bien-ſubtile & expoſée à l'air? — Voilà des raiſonnemens d'incrédule quand il a plû au Saint Eſprit & à nous, comme dit Saint Paul, *placuit Spiritu ſancto & nobis*, d'arranger quelque choſe dans la nature, eſt-ce aux médecins à venir nous y troubler. La Sorbonne avait décidé avec l'écriture qu'il n'y avait point d'antipodes: on a prouvé qu'il y en avait, nous ſommes-nous trompés pour cela? La terre & la mer paſſeront avant qu'un Docteur avoue qu'il ait tort. — Je veux bien, Docteur, vous accorder une foi amplicite ; mais au moins, Docteurs, accordés-vous. Vous m'avés dit que des anges avaient fait des enfans à des femmes, qu'on les reconnaiſſait à leur peſanteur & à leur difformité ; mais ces enfans ne doivent point être différens des autres; puifqu'ils font comme eux la production de l'homme, de même que l'eau qui vient de la même fontaine par deux canaux eft toujours la même, quoique l'un foit plus grand que l'autre. — O mon ami! croyés & ne raifonnés pas. Croyés ce que M. Détrie écrit, qu'une jeune femme devint groffe pour s'être baignée dans de l'eau où s'étaient baignés des Onaniftes. Croyés que l'antéchrift naîtra, comme l'a dit Bellarmin, d'une femme qui aura eu commerce avec un incube. Croyés que Benoît Berne fut bien & duement brûlé pour avoir couché pendant quarante ans avec une fuccube, croyés que Servius Tullius était fils d'un incube, croyés tous les contes de Coccaie, que le diable qu'il n'a ni vu ni fenti, a les parties hériffées & une femence froide comme de la glace. . . . Le Docteur s'arrêta tout court au milieu de fon chapelet: il fe fouvint qu'il avait donné parole à une religieufe pour la confeffer. J'appris qu'il était l'incube de la None: il la prêchait dans le confeffional, fur les complaifances qu'elle devait avoir pour l'ange qui venait la vifiter. . . . . . . Elle fe croyait une Marie, on découvrit l'aventure, & le Docteur ramaffa pour fe juftifier toutes les inepties ridicules dont font pleins les Détrio, les Délanclaire, & dont il m'avait donné un échantillon. C'eft donc ainfi que les erreurs naiffent & fe développent parmi les hommes. Ceux qui pourraient nous détromper font trop intéreffés à nous laiffer dans l'ignorance pour nous éclairer. La fcène du Docteur de Sorbonne a été jouée dans toutes les religions, parce que les miniſtres dans toutes ſont ou ambitieux ou voluptueux. Le grand Lama des tartares ne jouit-il pas des plus belles filles? Les prêtres d'Afrique, des Indes n'ont-ils pas les mêmes privilèges?

Qu'on vienne dire à préſent que les erreurs ſont indifférentes. Si Paul, ſi les chrétiens n'avaient pas tranſmis à leurs deſcendans une rapſodie de fables ſur les démons, que de maux que de ſottiſes épargnées aux pauvres humains dupés! Aurait-on agité la ridicule queſtion ſur l'exiſtence des incubes & des ſuccubes? Les épouſes infidèles auraient-elles eu recours à ces démons pour pallier leurs crimes, & la Sorbonne & les conciles auraient-ils décidé qu'un homme vient comme un coquelicot, & qu'il eſt le fruit d'une ſemence répandue dans les airs? Ces monſtrueuſes erreurs proſcrites à préſent ont fait le bonheur des prêtres qui les propageaient. Ils n'avaient d'autre arme que l'ignorance des hommes; mais elle vaut ſeule toutes les armes en ce genre.

LETTRE XI.

Politiques de Paul.

Pour exalter la morale chrétienne au-deſſus de toutes les autres, on a beaucoup vanté le pardon des injures qu'elle recommande; on a ſur-tout élevé cette maxime répétée dans toutes les épitres de Paul: *priés pour ceux qui vous perſécutent, flattés la main qui vous enchaîne.* Je ne dirai point que ces préceptes ſont contraires au droit naturel qui commande la vengeance, à l'être qui ſe ſent outragé, qui lui en fait une loi, à laquelle il ne peut déſobéir. Paul ne l'entendait pas ce droit, lui qui dénigre, déchire par-tout la raiſon, comme l'ennemie des dogmes nouveaux qu'il introduiſait. Je ne dirai pas que ces préceptes, qu'on dit avoir été enſeignés par Dieu, ſont cependant contraires à ſes ordres; que le tyran Aod maſſacré, que les cananéens exterminés, qu'Agog mis en pièce, que tant d'autres meurtres, tant de ſang répandu pour lui obéir, prouveront toujours ou que Dieu n'eſt pas invariable, ou que l'un ou l'autre de Moïſe ou de Paul a menti; mais je dirai que ces doucereuſes maximes de patience & de ſouffrance ſont éverſives de toute ſociété, favorables aux tyrans, pernicieuſes aux peuples dont elles enchaînent le courage.

Pour le prouver commençons d'abord par écarter ces menſonges dictés par la flatterie, que les rois ne tiennent leur couronne que de Dieu, qu'ils en ſont les images. Je n'ai jamais lu ſans horreur ces deux vers qu'un poète français fit pour une reine qui s'aviſa d'être un jour compatiſſante.

„C'eſt en s'abaiſſant juſqu'aux hommes
„Que les rois s'approchent des Dieux.“

Marino.

Si c'eſt par fureur pour les antithèſes que le Poète mit le verbe *abaiſſer*, il ne méritait que d'être ſifflé ; mais tous les hommes lui devaient dreſſer un gibet, ſi réellement il croyait que les rois s'abaiſſaient en faiſant du bien à leurs ſujets. Malheur au citoyen qui ne peut pas s'eſtimer plus que ſon roi! car ces rois ſont toujours des tyrans ou des ames faibles qui ſacrifient tout à leur ambition ou à leurs plaiſirs. *) Il faut valoir bien-peu pour ne pas les valoir. Aſſés ignorans pour croire qu'ils ſont les images de Dieu, ſe flattant que perſonne n'aura l'audace de leur conteſter la couronne, ayant l'orgueil de croire que tout doit fléchir à leurs genoux, ils regardent les adorations qu'on leur rend, l'encens qu'on leur donne comme dûs, ſouvent comme mérités. La main du lâche flatteur les careſſe dès leur berceau ; leurs yeux ne s'ouvrent que pour voir des adorateurs, leurs premiers ſens ſont des commandemens. Elevés ſans principes, livrés à leurs paſſions, qu'on ſe hâte de faire éclorre même avant le tems, ignorant tout, raiſonnant ſur-tout

Il y aura toujours des hommes vrais & hardis quoiqu'il y ait des flatteurs. Dans le tems même, où parurent ces vers, un français courageux écrivait des Philippiques contre un infâme Miniſtre de ce tems-là. Il écrivait :

On connaît le monſtre, on le nomme ;
On ne trouve pas un ſeul homme
Qui veuille en purger l'Univers.

(*Note du Traducteur.*)

*) Il eſt aiſé de voir par ces mots que ces Lettres ont été compoſées par quelques Sidney en Angleterre.

& applaudis fur-tout, fans étude, fans efprit, fans connaiffance des droits fociaux, ils prennent en main les droits du gouvernement, & ils auraient encore befoin d'un Mentor pour eux - mêmes. Un enfant de vingt ans monte fur un trône élevé, commande à 30,000,000 d'hommes. . . & on lui obéit. Et fi pour un moment il a pitié des malheureux un adulateur fordide vient le féliciter en beaux vers, de ce qu'il s'abaiffe jufqu'aux hommes. Il faut plaindre le roi qui prête l'oreille à ces flatteries ; mais il n'y a pas de pardon pour le flatteur. Les rois font donc des hommes, fouvent ils font au-deffous ; mais lorfque de pères de leurs peuples, ils en deviennent les tyrans, lorfqu'ils perfécutent leurs fujets, ceux-ci doivent-ils fe borner à prier pour eux, doivent-ils s'abaiffer à careffer la main qui les opprime? Voilà la queftion. Elle n'en ferait pas une dans les pays où les rois montent fur les échaffauds comme les autres coupables.

De quelque manière que les rois foient montés fur le trône, que ce foit leur courage, ou la main de leurs femblables qui les y ait placés, on peut toujours les en faire defcendre. Tous les hommes naiffent égaux & libres, tous naiffent avec un droit égal fur les biens de la terre. Nul homme n'a droit de dire à un autre : *travaille, pendant que je refterai oifif.* Les diftinctions, les rangs admis dans l'ordre focial n'exiftent point dans la nature. Les richeffes, la grandeur, l'eftime même n'y font que des mots infignifians. Savoir contenter tous fes befoins eſt la ſeule richeſſe : vivre indépendant, le ſeul bonheur. On ne ſacrifie cette indépendance que de gré ou de force. Dans tous les cas un plus grand bonheur que celui qu'on a dans l'état de nature, doit être le prix de l'aliénation de la liberté; & ſi dans ce contrat l'un s'oblige à obéir, c'eſt que l'autre s'oblige à le rendre heureux. Point de pareille ſtipulation lorſqu'on perd par la force ſa liberté. Il n'eſt point de capitulation entre le faible & le fort. Le premier les mains enchaînées, les yeux baiſſés, marche attaché au char de ſon vainqueur, devient ſon eſclave; mais auſſi lorſque le pouvoir du tyran expire, l'eſclave rentre dans tous les droits de l'homme; il peut briſer ſes fers, & ſans s'amuſer lâchement à prier le ciel pour ſon deſpote au lit de la mort, ſans s'abaiſſer ſous une main trop faible pour le retenir à la chaîne, il doit voler à la liberté, ſur le corps même du tyran. Que des uſurpateurs, que des conquérans traitent de rébellion, de feu ſédi-tieux cette action courageuſe, elle n'en eſt pas moins une loi de la nature! Ce ſont ceux qui ſont rebelles, eux, qui veulent s'arroger ſur les autres hommes un pouvoir qu'ils ne devraient tenir que du conſentement libre de leurs ſemblables, un pouvoir qui n'eſt légitime qu'avec ce titre! Si l'on était obligé de reſpecter cet infâme inſtru-ment de ſervitude, les hommes ſeraient donc obligés de remper ſous les loix du premier ſcélé-rat, de bénir ſes armes heureuſes! Les Alexandre, les Sylla, les Bajazet, les Céſar Borgia, mourraient donc tranquilles après s'être baignés dans le ſang des hommes. Et le citoyen qui aurait le courage de rompre ses fers & ceux de sa patrie, au lieu d'en être appelé le libérateur, au lieu d'être récompensé par l'Etre-suprême, ne serait donc qu'un vil rebelle, qu'une victime dévouée à l'échaffaud & à l'enfer!

Voilà les conséquences de cette maxime anti-naturelle : *priès pour ceux qui vous persécutent.* Elle était excellente pour ce peuple imbécille, lâche, sans grandeur d'ame, sans vertu : pour ces juifs qui traînant leur misère & leur honte dans tous les pays, ne faisaient jamais que changer de maîtres.

Elle était excellente pour ces juifs qui au nombre de plus de 600,000 hommes armés, fuyaient des égyptiens déjà exterminés par un ange, qui couraient des déserts pour n'avoir point d'ennemis à combattre, qui furent toujours vaincus, toujours bannis, toujours esclaves, parce que leur religion leur faisait une loi de la servitude. Ils pliaient sans peine leur col sous le joug du Babilonien superbe. Leurs chaînes seraient tombées qu'ils les auraient reprises, tant ils avaient de bassesse dans l'ame. Paul avait donc raison de leur écrire, *orate pro persequentibus vos.* Mais parler ce langage à des romains, pour qui l'esclavage était pire que la mort! Ils auraient cent fois préféré le sort d'un Scevola à celui d'un Martyr égorgé. Ces romains ont adopté cependant ces maximes de servitude : que sont-ils devenus? Lâches, pusillanimes. On ne croirait jamais que les Brutus eussent pris naissance dans le pays des *Monsignori*, tant est puissant l'esprit de la religion ! Elle incruste ses maximes dans le cœur de ses partisans : elle change en peu de tems l'esprit, les mœurs, la manière de voir. Et si d'un César elle fait un lâche, elle transforme souvent un vile moine en *Séide*. On avait donc raison d'avancer que les préceptes de Paul, énervaient le courage, abrutissaient le citoyen, scellaient l'autorité despotique des tyrans.

Le sujet a-t-il de même le droit de reprendre sa liberté, lorsque le chef qu'il s'est choisi volontairement ne remplit pas les clauses du contrat ? On a bien discuté cette question. Il y a eu des jugemens pour & contre suivant la nature des gouvernemens où ils ont été prononcés. Dans les monarchies, la question même a été proscrite, & les rois ont regardé avec indignation, ceux qui mettaient en problême l'invariabilité, la perpétuité de leur puissance. Ce n'était pas ainsi que pensaient nos pères, lorsque Milton & Saumaise discutaient devant eux cette importante question. Charles I. éprouva malheureusement, peut-être injustement, que les rois peuvent être déposés par leurs peuples.

Tout contract est fondé sur la bonne foi. Son exécution doit être réciproque. Il suffit qu'un des contractans manque à ses engagemens pour que les autres soient déliés de leurs obligations. Ces principes sont la base du contract social. Quelles ont donc été les clauses de ce contract ? Les sujets ont consenti à perdre une partie de leur liberté, pour conserver plus tranquillement, plus sûrement l'autre. Le chef s'est engagé à leur procurer cette sûreté, ainsi les uns ont dit : *nous serons vos sujets*. L'autre a répondu : *je serai votre père*. Il est évident que lorsqu'une partie rompt son obligation, l'autre est affranchie de remplir la sienne. Quand donc un sujet ne respirant que la sédition, brûlant de bouleverser tout un état pour s'enrichir, pour parvenir au trône ; quand un Catilina familiarisé avec tous les forfaits, conjurera la perte de sa patrie, & la signera de son sang, alors ses chefs seront autorisés à réprimer ses excès, à arrêter ses fureurs, à punir ses crimes. Il a violé son titre de citoyen, il n'en peut donc réclamer les droits. Mais aussi quand un Néron affamé de carnage, ne soupirera qu'après la destruction, quand un Calligula se plaira à nager dans le sang de ses sujets, quand un Othon, quand un Vitellius laissant flotter les rênes du gouvernement, en sacrifieront les soins à leurs plaisirs, alors le peuple aura droit de les déposer. Ils sont malheureux, voilà le titre de ce pouvoir. Quand un Henry abandonnera aux mains de ses indignes favoris la puissance royale; quand une Marie voudra changer la religion de l'état pour y substituer la sienne, quand un Charles I. épuisera son royaume par des concussions & des brigandages : alors les peuples pourront les déposer : ils sont malheureux, voilà leur charte bien-plus forte que la fameuse charte des anglais. Enfin quand des rois fainéans confinés dans leurs palais, ne donneront pour certificats de leur existence, que les malheurs de l'état, quand un roi ambitieux préférera les lauriers de la victoire à l'amour de ses peuples, quand un roi voluptueux s'endormira dans le sein du plaisir, pour n'avoir pas l'oreille déchirée par les cris des malheureux, quand un roi sera trop jeune & trop foible pour soutenir le poids du diadême, alors les peuples pourront le leur ôter; ils sont malheureux. Alors on ne les verra pas courir lâchement aux autels pour demander faussement à Dieu des jours pour un homme qu'ils détestent. Alors ils secoueront hardiment la tête, & diront à grands cris: *tolle*, *tolle*. Ce ne seront point des cris séditieux. La nature, les principes de la société les auront dictés. Alors les tyrans cruels, les rois injustes, voluptueux, méchans, imbécilles, fainéans frémiront; ils ne commettront plus le crime impunément. Il n'y aura qu'un Titus, qu'un Henry IV, qui pourront s'asseoir tranquillement sur le trône, qui y seront portés aux acclamations de tous les peuples. Jours heureux, où la vertu seule, la bienfaisance & la capacité soutiendront le diadême! jours heureux pour les peuples, vous ne reviendrés jamais, tant qu'il sera permis aux chefs d'être impunément injustes, tant que la religion scellera leurs forfaits, & leur prêtera des secours.

LETTRE XII.

Voyages & prédications de Paul.

En lisant les voyages de Paul & de son cher compagnon Barnabas, on n'est sûrement pas frappé de la même admiration pour eux, que pour Pithagore, Solon & ces autres fameux philosophes qui ne voyageaient que pour s'instruire, & rapporter dans leur patrie les connaissances dans tous les genres qu'ils recueillaient dans tous les pays. Ces derniers ne faisaient pas, à la vérité, des miracles brillans. Ils ne faisaient pas *marcher des boiteux*, n'ôtaient pas la vue *pour un tems* aux incrédules, ils n'avaient pas le précieux honneur de se faire chasser des villes comme des brigands, des vagabons, des novateurs; mais ils laissaient subsister les cultes de chaque nation, ne dogmatisaient point contre les fausses religions; mais ils observaient en silence, marquaient sur leurs tablettes, les ridicules & les vertus, & venaient faire part à leurs concitoyens du fruit de leurs observations. Que de philosophie, que de patriotisme dans cette conduite! elle n'est pas celle de ces misérables charlatans, errans de climats en climats, entretenant les erreurs des peuples, ou cherchant à les détruire suivant leur intérêt, de ces novateurs qui font commerce de religion, qui ſavent le degré où il faut échauffer les têtes éblouir par des opérations ſurprenantes.

Paul & Barnabas chaſſés d'Icone par les juifs & les gentils, contre le culte deſquels ils avaient prêché dans leurs temples même, & dans leurs ſynagogues, chaſſés malgré le grand nombre de miracles que l'hiſtorien leur attribue, ou leur prêtre peut-être, ſe refugièrent à Liſtra où ils évangeliſaient.

"Il y avait dans cette ville un boiteux, qui *) „n'avait jamais marché; il vit Paul, entendit, crut „en lui, & crut qu'il guérirait. Paul qui vit en „lui cette bonne foi, car les apôtres liſaient dans „les cœurs, le fixa, leur dit: *levez-vous, debout, „marchez avec vos pieds*, & il ſe leva debout, & il „marcha...." Voilà le récit de ce fameux miracle, qui fit ranger comme tu vas le voir, ma chère amie; Paul, parmi les divinités. Il a fait naître en moi deux réflexions. Le motif de ce miracle m'a paru d'abord ſingulier; c'eſt parce que Paul vit que cet homme avait foi en lui qu'il le guérit, & quelle était cette eſpèce de foi? Ne ſerait-ce point une ſecrette vocation, une diſpoſition très-honnête & très-chrétienne de ſe *prêter* au miracle? L'art d'opérer des prodiges, a eu ſûrement autant d'adeptes que la recherche de la pierre philoſophale. On a dit que Paul le poſſédait, & dans ce ſiècle de bonne foi on ſe permettait toute eſpèce de ſupercherie; elle perce dans

*) Actes des apôtres v. 7. 8 & 9.

toutes les brillantes leurres faites par les novateurs de religion.

J'ai remarqué encore que l'hiſtorien n'atteſtait pas que le miracle de Paul fût complet. Cet apôtre dit au boiteux de ſe lever, & de marcher droit; & les termes latins qu'emploie l'hiſtorien anomyne, ſignifient que le boiteux ſauta & marcha; mais ces mouvemens peuvent être exécutés par un boiteux ſans que ſa difformité ait diſparu.

Voici la ſuite de ce miracle ſuivant l'hiſtorien des Actes des apôtres. Quand le peuple vit ce boiteux marcher, il s'écria en langue licaonienne. Voilà des dieux métamorphoſés en hommes qui ſont deſcendus ſur la terre. Ils appelaient Barnabas Jupiter, & Paul Mercure, parce que c'était lui qui parlait. Le prêtre de Jupiter qui était aux portes de la ville, amena devant leurs maiſons des taureaux & des couronnes, & voulait ſacrifier à ces dieux.

Ainſi par ce miracle nos voyageurs inſpirés ne firent que confirmer le peuple dans ſon erreur, dans ſon idolatrie: c'était ſans doute une maladreſſe; car auparavant de s'annoncer par des miracles éclatans, pourquoi ne deſſillaient-ils pas les yeux des peuples, ſur la fauſſeté de leur culte, pourquoi ne leur montraient-ils par quelle religion il fallait ſuivre? Alors le miracle venant à l'appui de cette nouvelle doctrine, en aurait confirmé, & ſcellé la vérité? Alors les peuples n'auraient pas pris nos Chevaliers errans, pour des dieux traveftis en hommes.

Il paraît néanmoins qu'avant de guérir ce boiteux, Paul avait péroré devant ce peuple; car l'hiftorien affure que ces licaoniens le prirent pour *Mercure*. Parce qu'il était le *miniftre de la parole, dux verbi*; mais dans ce dernier cas qu'était donc devenue cette éloquence foudroyante de l'apôtre des gentils qui tonnait, éclairait, entraînait? Qu'était devenu cet efprit faint qui l'animait, qui lui dictait fes expreffions, & quelle opinion devons-nous en avoir, fi malgré ces dons fpirituels, fi malgré le don des langues qu'il poffédait, malgré ce miracle qu'il fit pour appuyer fa prédication, il ne put parvenir à entraîner un peuple ignorant fous fes nouveaux étendards, à leur faire adopter le nouveau culte? Il prêchait contre les faux dieux, contre Jupiter & Mercure, & on le prenait pour un de ces dieux! Il était bien-mal adroit, ou l'hiftorien bien-faux, admire ici la réflexion de cet hiftorien, & fon ignorance dans la Mythologie païenne. On le prit, dit-il, pour *Mercure*, parce qu'il était *le miniftre de la parole*. Mercure a-t-il jamais été regardé par les païens comme le Dieu de l'éloquence ou de la parole? N'était-ce pas l'attribut d'Apollon? Continuons le récit.

„Barnabas & Paul ayant entendu les difcours „des licaoniens, déchirèrent leurs tuniques, fautè-„rent fur le peuple, en criant: "

Un incrédule impertinent pourrait demander ici comment les apôtres entendirent le licaonien, qu'ils n'avaient jamais fûrement pas appris, en faiſant des filets, ou en pêchant. Il y a une réponſe excellente à cette queſtion ; c'eſt qu'en vertu de l'eſprit ſaint deſcendu ſur eux, ils ſavaient toutes les langues. C'eſt ici à-peu-près l'hiſtoire de ces diables de Loudun qui ſavaient, diſait-on, toutes les langues, & qui dans le vrai ne ſavaient que le mauvais latin des directeurs de la ſcène. Qu'on ſe figure que l'anonyme eſt ici le directeur.

Ce même incrédule pourrait trouver ſingulier que pour convaincre des hommes qu'on n'était ni Jupiter, ni Mercure, on déchirât des tuniques, on ſautât, on criât. Au premier coup-d'œil la preuve de conviction ne paraît pas des plus ſages.

Mais qu'on ſe rappelle qu'il n'eſt pas de meilleur moyen de s'approcher des hommes, de ſe rendre leur ſemblable, que de faire des folies, des maſcarades. Cet univers n'eſt en effet qu'une loge de fous ; tout homme qui ne les imite pas n'eſt pas de leur claſſe. Paul fit ces réflexions. Il voulait convaincre ces licaoniens qu'il était homme comme eux ; il fit donc des momeries. Voilà pourquoi il déchira ſa tunique, cria, ſauta & convainquit. La réflexion de Paul était fine, il ſentait le ridicule de ſa conduite ; mais il voulait être cru fou pour ſon maître. C'était ſa manie ; il nous l'apprend lui-même.

„Paul & Barnabas s'écrièrent : hommes ; que „faites-vous ? Nous ſommes des mortels ſem„blables à vous. Nous vous annonçons de quitter „ces vanités, pour croire au Dieu vivant, qui a fait

„le ciel, la terre, la mer, & tout ce qu'ils con„tiennent; qui dans les générations précédentes „a conduit toutes les nations dans ses voies, „qui a rendu des témoignages de lui-même, en „faisant descendre les biens du ciel, en donnant „la pluie, distribuant les saisons à propos, com„blant nos cœurs de joie, nos corps de nourri„ture; & en disant cela ils empêchèrent à peine „le peuple de leur sacrifier."

Un prêtre de Jupiter aurait pu tenir ce discours; car tous les traits quadrent à merveille avec l'histoire de ce Dieu. Les païens le regardaient en effet comme le maître de la terre & des cieux. C'était à lui qu'ils s'adressaient dans les calamités publiques, pour l'adoucissement de leurs maux; c'était à lui qu'ils adressaient leurs vœux, leurs actions de grace dans leur prospérité. Paul le peignait donc trait pour trait.

Il y a plus, le tableau qu'il faisait de la divinité ne pouvait jamais s'appliquer au Dieu d'Abraham; & si c'était lui qu'il avait dessein de prêcher, il fit de grands mensonges. D'abord dans tout l'ancien Testament ce Dieu est appelé le Dieu d'Abraham, de Jacob, d'Israel, exterminateur des nations étrangères à son peuple chéri; il n'était donc pas ce Dieu qui faisait luire son soleil sur toutes les nations, qui versait des eaux salutaires pour fertiliser la terre, qui remplissait tous les cœurs de joie. Et comment aurait-il pu remplir de joie le cœur des païens? il n'en était pas connu, & il ne voulait pas l'être; il s'affichait dans ses écritures; pour leur implacable ennemi il recommandait à son peuple bien-aimé leur destruction; il n'était donc pas ce Dieu, prêché par Paul, qui avait conduit dans les générations précédentes tous les hommes dans ses voies salutaires, il ne les avait ouvertes qu'au peuple d'Israel. C'est pour eux que la mer rouge s'entr'ouvrit que la manne tomba dans le désert, que le rocher fit couler de son sein des eaux vivifiantes. Comment Paul pouvait-il assurer que ce Dieu avait conduit dans ses voies salutaires toutes les nations, tandis que le sang des Amalécites & des peuples de Canaan exterminés par ses ordres, tandis que la voix de tant de milliards d'hommes, plongés dans les enfers, pour n'avoir pas vu clair, quoiqu'ils fussent aveugles nés, déposait contre la bonté chymérique de cette divinité? Etait-ce en faisant égorger si inhumainement Agag, en mettant le poignard à la main de ce fanatique Phrinés, qu'il conduisait les peuples dans ses voies salutaires?

Ainsi de deux choses l'une, ou Paul traçait le portrait de Jupiter, ou c'était celui du Dieu d'Israel. Dans le premier cas il était donc fauteur du paganisme, dans le second du judaïsme. Pourra-t-on jamais le sauver du double filet?

Et voilà cet apôtre du christianisme qui le prêchait avec tant d'ardeur au péril de ses jours? Pourquoi donc n'annonçait-il pas aux licaoniens qu'il était le ministre d'un Dieu descendu du ciel sous la figure d'un homme, conçu dans le sein d'une vierge par l'opération d'un esprit saint, crucifié par les juifs dont il était le messie, puis ressuscité, puis remonté au ciel. Voilà les caractères essentiels, distinctifs du fondateur du christianisme, caractères qui le distinguent des dieux païens, & du Dieu d'Abraham. Voilà celui que Paul devait prêcher; mais considère un peu, ma chère Elise, la fine politique de cet apôtre; sectateur d'une religion encore au berceau, il ne voulait se brouiller ni avec les juifs, ni avec les païens. Voilà pourquoi dans ses portraits de la Divinité, il inserrait des traits qu'ils pouvaient appliquer chacun à leurs dieux; par ce stratagème innocent tout le monde était content; la vérité n'y gagnait pas, mais la nouvelle religion prenait pied & s'enracinait. Dans les endroits où il n'y avait que des païens il ne donnait aucun trait relatif au judaïsme. Voilà pourquoi dans le discours que nous venons d'examiner, qu'il fit à Listra, ville où il n'y avait que des païens, il ne fait le portrait que d'une divinité en général qui pouvait s'appliquer aux dieux du paganisme. Voilà pourquoi il lui donne des attributs de bonté, de charité universelle, qui ne convient nullement au Dieu du judaïsme. . . . A ces manœuvres adroites qui ne prendrait pas Paul pour un jésuite? C'est en se modelant sur lui que ces dignes religieux errans & bannis, après avoir longtems dominé sur la scène, s'accommodaient à tous les tems, se prêtaient à toutes les mœurs, & conciliaient les cultes les plus opposés, les crimes les plus abominables avec leur morale.

Nous voici enfin au dénouement du drame; il ne fut pas brillant. Paul qui avait tant d'anges à ses ordres, qui avait le don de prophétie, ne devina pas ce qui allait lui arriver.

Des juifs qui vinrent d'Icone & d'Antioche à Listra instruisirent le peuple de l'état des avanturiers, les persuadèrent; on lapida Paul, on le traîna aux portes de la ville comme mort.

Ce changement subit du peuple de Listra a de quoi surprendre: lapider, massacrer un homme qu'on avait admiré, adoré comme un Dieu! Cela ne s'entend pas; il fallait qu'il y eût quelque cause secrette. Quoi l'éloquent Paul ne put convaincre les licaoniens! & des misérables juifs les persuadèrent.

Où était donc alors son don de prophétie? Où était son cher Barnabas? Où était sa corbeille de Damas? Tout l'abandonnait. La Mercuriale fut un peu forte pour ce nouveau Mercure, & sa divinité reçut un triste échec.

Ne t'avais-je pas avec raison annoncé, ma chère, par une de mes précédentes lettres, que Paul n'avait aucune religion, ou s'accommodait à toutes; tu en as vu la preuve.

LETTRE XIII.

La prédestination & ses conséquences.

Quand on connaît le caractère de Paul, on n'est point étonné de voir les contradictions qui règnent dans ses écrits, qui caractérisent toutes ses actions ; on n'est point étonné de le voir persécuter les juifs, & se dire pharisien, ameuter les chrétiens contre la circonsion, & faire circoncire son cher Thimothée, prêcher la patience & le pardon des injures, & en prodiguer à ses ennemis : encourager ses frères au martyre, & se sauver bravement dans une corbeille ; prêcher contre le mensonge, & mentir lui-même ; criailler contre les charlatans, & l'être lui-même. Son cerveau brûlant était rempli d'idées trop tumultueuses, trop subitanées, pour pouvoir les mettre en ordre. Delà l'incohérence de ses écrits, delà ses écarts dans ses raisonnemens ; delà cette obscurité dans l'expression. Il peignait à la hâte, & rien n'était achevé, plein d'allusions, de types, de figures ; il n'écrit jamais simplement ; ses épitres ne respirent que le goût oriental ; il s'échauffe aux moindres objections, il prend feu dès qu'on lui résiste. Demandés-lui comment Dieu étant l'auteur de tout ce qui se passe dans l'univers, peut y trouver des crimes : il répond, ô homme fragile ! qui ès-tu pour t'élever contre ton seigneur ? Qu'on lui demande comment les corps ressusciteront. Il traite les questionneurs d'insensés. Cette réponse part à la vérité d'un fou ; mais il n'est pas embarrassé de justifier la folie. Aucune conséquence ne l'effraie. Il exalte la folie au-dessus de la sagesse ; il parle de la folie de Dieu, & soutient, que l'univers ne reconnaissant point son Dieu, Dieu a choisi les choses les plus folles du monde pour confondre & renverser la sagesse de l'homme, & annihiler son intelligence. Si la sagesse de l'homme est trop foible pour s'élever jusqu'à la connaissance de l'Etre-suprême, que sera-ce donc de la folie ? Si la sagesse est un attribut de la Divinité, peut-elle mépriser ses qualités ! Et quelle audace dans un vil mortel de lui prêter un pareil mépris !

A la vue de ses inconséquences, qui ne frémit de voir dans quels excès entraîne l'esprit de parti, l'entêtement de systême ; il n'est point d'affreuse conséquence qu'on ne légitime. Périsse plûtôt l'univers, dit un enthousiaste, que d'abandonner mon sentiment ! Voilà le fruit des opinions nouvelles ; tous les esprits fermentent ; l'effervescence particulière devient générale.

La prédestination est une de ces matières sur lesquelles Paul a chanté le pour & le contre. Cette opinion adoptée d'abord par tous les chrétiens, niée par quelques-uns, défendue par les pélagiens, combattue par Augustin, cette prédestination qui a causé tant de débats entre les Thomistes & les scolistes, dont les querelles sont aujourd'hui heureusement ignorées, était fort obscure dans les premiers tems du christianisme, tantôt Paul rend l'homme maître de son sort; il le regarde comme une athlète toujours occupé à combattre, victorieux ou vaincu, tour-à-tour; mais qui n'obtenait la couronne qu'après bien des victoires. Tantôt il fait de l'homme un être passif, un automate, une machine dont tous les mouvemens sont nécessités, & qui n'agit que par des ressorts que fait mouvoir la Divinité.

Il paraît néanmoins malgré ses contradictions qu'il favorisait davantage le systême de la prédestination; il dit formellement dans son épitre aux romains, [1]) que Dieu a prédestiné ses élus qu'il a compassion de qui il veut, qu'il endurcit le cœur de ceux [2]) qu'il veut damner d'avance, que la vocation [3]) au salut ne dépend pas des bonnes actions, mais de la volonté de Dieu; que l'homme ne sera sauvé [4]) que par cette volonté; que le salut [5]) est un présent de Dieu, & non une récompense accordée aux bonnes œuvres, qu'il a choisi les saints [6]) dans le christ avant la création de l'univers, & les a prédestinés pour être ses enfans; que cette prédestination est purement l'ouvrage de sa volonté.

On pourrait citer cent autres passages de cet auteur, qui prouvent que son opinion favorite était la prédestination; opinion qui est la base de l'automatisme qui rend Dieu l'auteur de tous les crimes, transforme l'homme en machine, nécessite

---

1) Ep. Rom. ch. 8. 7. 30. 2) ibid. ch. 9. v. 18. 3) Rom. 3. 9. 11. 4) ibid. 21. v. 6. 5) Ep. 11. v. 8. 9. 6) Ep. 1. 4. 5. 7.

le falut & la damnation, opinion conféquemment affreufe pour l'homme, & injurieufe à la Divinité.

En effet, s'il eft vrai qu'elle endurcit le cœur des Pharaon pour les damner, quelle autre idée aurions-nous d'un mauvais génie qui ferait fans ceffe occupé à nous perfécuter? ne ferait-ce pas un trait abominable, & d'une iniquité inconcevable, que Dieu fit naître les hommes pour en damner les $\frac{3}{4}$ & $\frac{1}{2}$ & ne fauver qu'une très-petite portion fans avoir égard à leurs œuvres; qu'il ne prit d'autres règles que fon plaifir & fa fantaifie? Si dans la prédeftination Dieu n'écoute que fa volonté, à quoi fert la vertu? A quoi fervent les bonnes actions, fi elles n'ont aucun mérite à fes yeux? Ainfi Néron & Titus; le fouhait abominable de l'un, le regret bienfaifant de l'autre, Caton & Caligula, Henri IV. & Louis XI. font de Niveau à fes yeux; il peut couronner & faire monter à côté de lui le méchant oppreffeur, & précipiter dans les flammes le vertueux opprimé. Quelles idées révoltantes! qui aura le courage déformais de pratiquer la vertu, de porter une main hardie fur le tyran fuperbe? Qui aura l'imbécillité de ne pas s'enrichir des dépouilles de fes femblables, de ne pas facrifier à fon bien-être, à fon ambition, le bonheur de fa patrie, de l'univers; la vertu, le patriotifme ne feront donc plus que des mots; le laurier fera le prix du crime. Quelles affreufes conféquences! Qu'on vienne dire que la morale du christianisme est le ciment le plus fort du bonheur de la société, tandis qu'elle en rompt les nœuds les plus forts, tandis qu'elle met un poignard à la main de tous les hommes, tandis qu'elle met un couteau sacré dans la main d'une aveugle divinité qui le laisse tomber indifféremment sur toutes les têtes ; qu'on vienne dire que cette religion donne les idées les plus belles de la divinité, qu'elle la peint comme un père sensible, comme un ami compatissant, tandis qu'elle transforme ce Dieu en tyran détestable, en phalaris cruel qui avant de créer des êtres, les destine à une éternité de supplices. Le plus barbare despote de l'univers souhaitait voir tous les romains dans une seule tête pour les abbattre d'un coup, & un père sensible se plaît à fabriquer une infinité de têtes pour s'amuser à les couper, à les mutiler, à les supplicier !

Toutes les erreurs du spinosisme se rassemblent ici, & dérivent nécessairement de l'opinion, que toutes les actions des hommes sont dirigées par la volonté de Dieu. Plus de libre arbitre, tout est nécessité dans l'univers ; si ce n'est pas Paul qui fait le bien, si ce n'est pas Titus qui rend ses peuples heureux, c'est donc Dieu qui sous la forme d'un fripon, vole & assassine sur les grands chemins, qui sous la figure d'un despote jette les hommes dans un affreux esclavage ; c'est donc Dieu, qui sous la figure d'un ambitieux, d'un adultère, d'un lâche assassin, remplit l'univers de mille forfaits ; au milieu de tous ces crimes, qu'eſt l'homme? Un inſtrument paſſif dans la main de l'Etre-ſuprême, une machine qui agit ſuivant l'impulſion qu'on lui donne, & pour me ſervir de l'expreſſion de Paul, une roue dans la main du potier. Si le vaſe ſe caſſe, ou eſt défectueux, à qui la faute? C'eſt donc anéantir la liberté de l'homme; c'eſt l'annihiler lui-même, que de ſuppoſer que toutes les actions ſont faites par Dieu; c'eſt faire revivre l'ame éternelle des anciens; le ſpinoſiſme des modernes; c'eſt détruire toutes les vertus, injurier la divinité, c'eſt troubler l'ordre public, & en rompant tous les liens, c'eſt enfin jeter l'homme dans une triſte indifférence pour le vice ou la vertu; & quel mal plus grand que cette apathie?

Car quel eſt l'homme qui d'après le ſyſtême de la prédeſtination, ne fera pas ce raiſonnement ſimple auquel on n'a jamais rien répondu de ſatiſfaiſant; je ſuis deſtiné à l'enfer ou au Paradis, n'importe quelle ſoit ma deſtination; mes actions ne peuvent pas changer la volonté de l'Etre-ſuprême; je puis donc me plonger dans tous les excès, ſatisfaire toutes mes paſſions; mon ſort eſt écrit, & mes crimes ne peuvent le changer. Elu, j'aurais tort de ne pas me ſatisfaire; damné, m'arracherai-je à l'enfer par le chemin aride & tortueux de la vertu?

Voilà le raiſonnement qui plonge les mahométans dans un engourdiſſement, dans une inertie qui leur fait regarder avec indifférence tous les évènemens bons ou mauvais. Ils voient avec tranquillité brûler leurs maiſons, ravager leurs biens, enlever leurs richeſſes; ils voient même avec tranquillité leur mort dans l'horrible feſta du Grand-ſeigneur, & la reçoivent avec ſang-froid. Tous les évènemens ſont marqués, s'écrient-ils, dans le grand livre, nos efforts les en effaceront-ils ? Auſſi, tant que la prière du *domine fiat volontas tua* ſubſiſtera, & ſera répétée par les peuples, n'y aura-t-il chez eux ni courage ni grandeur d'ame, ni la moindre trace de vertu, ſera-ce en effet en attendant que le bras du ſeigneur ſe déploie, qu'on délivrera ſa patrie des chaînes qui l'accablent, qu'on fera deſcendre du thrône, un prince dont la tête plie ſous le fardeau du diadême, qu'on arrêtera les rapines, les concuſſions, les brigandages d'un miniſtre ? Sera-ce dans cette vaine attente, que les Richards, que les Pierre le cruel, que tous les tyrans recevront le châtiment de leurs forfaits, que ſerait devenue Rome ſans l'active intrépidité des Brutus, des Scévola, des Catons ? Catilina l'eût embraſée ſi Cicéron au lieu d'arrêter les complots eût été noblement s'agenouiller dans un temple, & là les mains jointes, les yeux en pleurs, implorer leur aſſiſtance. Par Jupiter, diſait Caton, on ſe rend favorable les dieux, *agendo, non orando.*

Le ſyſtême de la prédeſtination détruit toutes ces grandes idées de courage, de patriotiſme; l'ame plongée dans une molle inactivité, attend tout de la main de ſon Dieu, bienfaits ſur la terre, & ſalut dans le ciel. Cette opinion eſt donc pernicieuſe à la ſociété puiſqu'elle en énerve, qu'elle en détruit tous ſes reſſorts, & cruelle pour l'homme, puiſqu'elle en fait un eſclave, outrageante pour l'Etre-ſuprême, puiſqu'elle en fait un tyran capricieux. Paul était donc un rêveur dangereux dont les opinions devraient être proſcrites.

LETTRE XIV.

Concubinage — Adultère.

Le chriſtianiſme eſt la première ſecte où l'on ſe ſoit élevé contre les paſſions que la nature a gravées dans l'ame des hommes, & contre les remèdes qu'elle nous indique pour les ſatisfaire. Les fondateurs de cette religion ont pris plaiſir à la contrarier dans toutes ſes opérations, à détruire la raiſon, à priver les mortels de leurs plus douces conſolations. Aux riantes images du paganiſme, on a ſubſtitué les tableaux les plus lugubres. Ce n'eſt plus Vénus eſcortée de l'amour & des graces, enflammant les cœurs de feux légitimes, berçant les uns de la douce eſpérance, en verſant la coupe du plaiſir; c'eſt un Dieu courroucé, un Dieu exterminateur dont la main armée d'un foudre vengeur s'appeſantit ſur les têtes pour des fautes légères; c'eſt un Dieu qui défend aux paſſions qu'il a ſemées de germer, aux hommes de cueillir les fleurs qu'il a fait naître pour eux, & de courir après l'image du bonheur qui voltige devant eux ; c'eſt un Dieu qui défend aux hommes de voir, en leur donnant des yeux, de jouir en leur donnant des ſens. Ce n'eſt plus Jupiter s'humaniſant pour une beauté, c'eſt un Dieu terrible qui fait un crime à Eliſe de l'avoir créée belle & charmante ; ce n'eſt plus la ſage Uranie qui nous enſeigne d'une voix harmonieuſe les vérités éternelles ; c'eſt un Dieu qui nous crie de mépriſer la raiſon qu'il nous a donnée, de croire qu'un fait trois, que le contenant eſt plus petit que le contenu ; ce n'eſt plus le ſyſtême conſolant de la métempſicoſe, où les peines & les récompenſes ſont diſtribuées dans une juſte proportion ; c'eſt un enfer éternel ; c'eſt un paradis où l'on goûte des plaiſirs qu'on ne conçoit pas. . . . . . Enfin par-tout ce n'eſt que déraiſon, qu'idées déſeſpérantes, que ridicules.

La loi naturelle a été reſpectée preſque dans toutes les religions. Le chriſtianiſme eſt peut-être la ſeule ſecte, où on l'ait défigurée, où on ait critiqué, détruit ſes loix & ſes maximes. La nature à notre aurore ſouffle dans nos cœurs l'haleine du plaiſir ; elle nous invite à l'amour ; la religion chrétienne d'une voix impérieuſe, nous défend de lui prêter l'oreille. Malheur au fornicateur, s'écrie-t-elle ſans ceſſe ! il brûlera dans des feux éternels ; malheur à celui dont le cœur n'eſt pas de fer, qui chérit ſes parens, ſa patrie, qui ne ſacrifie pas tout ! il n'entrera jamais dans le royaume des cieux. S'arracher les yeux, se mutiler tous les membres lorsqu'ils sont des occasions de péché, s'origeniser même, lorsqu'on ne peut éteindre autrement les feux brûlans de l'amour, voilà la cruelle loi qu'elle nous prêche; voilà celle que Paul avec un fanatique enthousiasme répète dans mille endroits; ce que les apôtres ont décidé dans le premier concile de Jérusalem. . . . .

O mes semblables! s'il reste encore en vous quelque chose de l'homme, n'écoutez point ces monstres. Ils blasphèment contre la nature, ils blasphèment contre le Grand-être. Oui, s'il nous a créés, s'il nous a formés ce que nous sommes; s'il nous a fait naître avec un penchant invincible les uns pour les autres, s'il a donné à nos aimables compagnes, le doux sourire, l'aimable modestie, les graces enchanteresses; si nous ne sommes heureux qu'en les aimant, qu'en pompant le plaisir sur leurs lèvres, nous ne sommes point criminels, nous suivons la route qu'il nous a tracée lui-même, nous obéissons à sa voix; car sa voix, la seule que nous puissions entendre, c'est celle de la raison, c'est celle de notre cœur; Dieu ne nous parle que par le langage de notre plaisir. Les cieux peuvent publier sa gloire; mais ils ne publient pas ses loix. Le cœur de l'homme est la seule table où il les grave, & il n'est point d'autre Moïse pour l'homme, que l'homme même. Suivez-vous donc vous-mêmes. O mes semblables! n'écoutez que vous, & laissez à l'écart ces misérables rêveurs, qui prêtent des impertinences à notre père commun. Il nous a donné des passions; ce n'est pas pour les détruire. Nous donne-t-il la faim, la soif, pour ne pas manger, pour ne pas boire? L'excès est funeste par-tout; il faut donc modérer ses passions. Les païens les ont outrées; les chrétiens les ont annulées. Suivons un juste milieu; l'amour est l'ame de la vie. Nous ne recevons l'être que pour le donner; nous ne nous engraissons qu'en détruisant; nous ne devons détruire que pour créer. Ainsi si la première loi de la nature est de nous conserver, la seconde est la propagation de notre espèce. Nul n'est exempt de satisfaire à ces deux loix sacrées. Le suicide veut en vain briser ses fers; le cuisant remord le suit jusques dans les bras de la mort; le célibataire veut en vain dompter la nature; elle le sollicite, elle l'éguillonne, & presque toujours elle triomphe en secret du rebelle. Ce n'est qu'en aimant que nous pouvons obéir à la dernière loi. L'amour est donc un bien; il l'est puisqu'il est un ordre de la nature; il l'est chez le sauvage & dans la société. Chez l'un, l'intérêt personnel ou son bien-être, est la pierre de touche de la bonté de ses actions. Le sauvage est-il heureux? il est vertueux; il est vertueux quand il plaît à une sauvage; il l'est encore lorsqu'il vole dans les bras de cent autres. Dans la société, notre bien-être n'est pas le seul poid qu'on doive mettre dans la balance de la vertu. On doit peser encore l'intérêt général. La vertu en effet n'est qu'un rapport de société ; plus il y a de ces rapports, plus il peut y avoir de crimes dans une action. Celles qui blessent cet intérêt général, quoique dictées par l'intérêt particulier, sont criminelles. Le crime dans l'amour, est comme par-tout ailleurs affaire de circonstances, car il n'en est point d'absolu. L'assassin est sans doute un criminel, le militaire ne l'est pas. Ils trempent cependant tous deux leurs mains dans le sang. L'amour donc & ses jouissances peuvent donc être licites ici, & criminelles là.

Ces principes posés il est très-aisé de décider si le concubinage public est un bien ou un mal. Cette question n'en serait pas une dans l'état naturel ; concubinage, fornication, mariage, adultère y sont des mots synonimes des actes également vertueux. Le consentement des deux parties en est l'essence, & est la seule loi qu'on y doive observer ; delà le rapt, le viol y doivent être regardés comme des crimes. L'antipathie dans les caractères, dans le physique, y est un obstacle dominant.

Mais en est-il de même dans l'état social ? Non certainement, & cependant par sa nature, il entraîne, il nécessite le concubinage qu'il condamne. La société ne peut déroger aux deux loix primitives de la nature dont j'ai parlé ; elle ne peut empêcher l'homme de manger, de boire, de jouir. Voilà pourquoi la société a institué le mariage, pour satisfaire aux besoins sacrés de l'amour ; mais ce mariage qui dans la nature est toujours le prix de l'amour, n'est dans la société ſouvent qu'une affaire de convenance; mail il ne ſe fait que très-tard; mais il eſt indiſſoluble; mais il eſt beaucoup de perſonnes, qui ſont réduites à l'impoſſibilité de n'en pouvoir contracter. Quel remède apporter à ces inconvéniens? Le concubinage *)

Il n'y a point de véritable mariage là où les cœurs ſont déſunis. Il n'en eſt point encore où il ne peut pas être conſommé. Les deux triſtes époux brûlent cependant; qui éteindra leurs feux? Le concubinage. La ſociété leur ordonne à la vérité de vivre toujours enſemble, elle leur défend de chercher ailleurs de ſoulagement; autant vaudrait ôter le pain des mains d'un affamé, refuſer un verre d'eau au malheureux qui périt conſumé par la ſoif.

La nature ne ſuit pas dans toutes ſes productions le même règle; delà la différence infinie des tempéramens. L'un eſt précoce, l'autre eſt tardif; l'un eſt violent & bilieux, l'autre eſt de glace. On ne marie le premier qu'à vingt-cinq ans, & dès quatorze le fruit était mur. Conſumé, brûlé dans cet intervalle par les feux; où ſatisfaire les déſirs? Toutes les portes ſont fermées. Les mères, les époux veillent en Argus, ce jeune homme périra donc, s'il n'a pas recours à ces femmes, qui par néceſſité ou par tempérament

*) L'auteur déclare, que ce n'eſt qu'avec peine qu'il ſoutient ici ſa cauſe; mais qu'il regarde ce mal comme un effet néceſſaire de l'état ſocial, dont on pourrait tirer parti pour ſon bien.

font un métier de la prostitution. Je ne parle pas de l'onanisme, triste ressource, nécessitée par les maux que le plaisir partagé cause aujourd'hui, inconvénient fatal né du défaut de police.

Au moyen de l'inégalité de la répartition des biens dans la société, il y en a la moitié réduite à l'indigence, un quart dans la médiocrité ; de l'autre quart, partie jouit de l'aisance, les autres nagent au sein de la richesse. La société impose sur tous des charges. Il en est beaucoup qui peuvent à peine fournir à leur subsistance & au payement des impositions. Ils ne peuvent donc se marier, à moins qu'ils ne veuillent doubler leur misère. Cependant la voix de la nature se fait toujours entendre. Elle les avertit jusques dans les songes, elle les avertit par mille signes funestes qu'ils sont hommes, que leur existence n'est qu'un prêt qu'elle leur a fait. Où iront-ils donc satisfaire leurs besoins, s'il n'y a pas des endroits publics destinés à recevoir leurs offrandes? s'il n'y a pas des femmes courageuses qui bravant le préjugé, se sacrifient au bien public ?

Je pourrais détailler mille circonstances où le concubinage public est également nécessaire. Dans nos mœurs actuelles, il ne doit pas seulement être toléré & permis, il devrait encore être honoré. A combien de titres il doit avoir cet honneur! Une épouse adorée de son mari, trouve le plaisir en obéissant à la nature. Chérie dans sa famille, elle est respectée par-tout ailleurs; la femme publique en procurant le plaisir, n'avale ſouvent que l'amertume. Objet du mépris de ſes concitoyens, elle eſt même en horreur à ceux qui en jouiſſent. Etres ſtupides, qui en ſe mettant au-deſſus de l'opinion reçue, ont encore l'imbécillité d'y ſacrifier à-demi. Cet état eſt donc rempli d'épines, & un mariage heureux n'eſt parſemé que de roſes! Quel courage il faut donc avoir pour marcher ſur ces épines, pour prendre la ceinture de l'ignominie, ſe parer de l'aiguillette de l'oppobre! Mères chéries, épouſes heureuſes, il vous eſt bien-facile d'être vertueuſes; mais que ce qu'on appelle vice & proſtitution eſt difficile! & ſi l'honneur eſt en proportion de la difficulté qui ſe rencontre dans les actions utiles de la ſociété, combien donc une femme proſtituée devrait être honorée! Mais ſans renverſer à ce point l'opinion reçue, ſi elle ſacrifie tout ce qu'elle a de plus cher au monde, famille, plaiſir, honneur, elle ſe ſacrifie de même, ſe dévoue entièrement au bien public. Son crime courageux eſt utile à l'état; il devrait donc être applaudi. L'état formant des établiſſemens publics de proſtitution, quels biens en réſulteraient? Plus d'onaniſme, plus de ſodomie, plus d'autres crimes qu'on appelle infâmes. Le mariage, lorſque le dégoût le flétrit, ne ſera plus un fardeau. L'état aura plus de citoyens, il ne ſera plus fraudé. Dans ces ſéminaires de propagation on aura des directeurs ſévères, éclairés, qui veilleront avec attention au bon ordre, des médecins qui préviendront les maux. Ces établiſſemens pourront même devenir une branche de richeſſes publiques.

Le plaiſir y ſera taxé ſuivant les belles, ſuivant l'aiſance des particuliers. Alors l'opinion publique ne flétrira plus celles qui habiteront ces aſyles, ni ceux qui y porteront leurs hommages. On mettra ſur la porte pour inſcription : *Au Bien public.* Y aurait-il du déshonneur à le ſervir? On a par-tout établi des caffés, des lieux publics, où les autres beſoins peuvent être ſatisfaits; pourquoi n'y aurait-il donc pas des établiſſemens de population? L'état lui-même a protégé l'inſtitution des monaſtères, où le premier vœu qu'on y forme eſt de nuire à l'état; & il ne protégerait pas ces établiſſemens, où la population la première richeſſe de l'état, fleurirait, où on élèverait des militaires pour le défendre, des cultivateurs pour le nourrir, des citoyens pour l'aimer! Combien un pareil projet immortaliſerait le monarque philoſophe qui oſerait l'entreprendre! Tous ſes ſujets lui devraient des actions de grace. Le poiſon apporté de l'Amérique pourrait être enfin extirpé. N'eſt-ce pas là le moyen ſûr de détruire, au moins de diminuer la force de cette lépre qui ronge l'humanité? Garçons, époux, prêtres, veuves, tous les êtres dans tous les états, participeraient au bonheur d'un pareil établiſſement, ſur-tout s'il ne reſpirait que l'honnêteté, ſi la bienfaiſante Hiſgiſoy donnait des loix, ſi la triſte opinion n'en fermait pas les portes. *)

*) On eſt obligé d'avouer qu'il y a des idées bien-ſingulières dans cette Lettre, mais qu'on remarque bien que l'auteur eſt bien-éloigné de vouloir donner atteinte aux douces chaînes d'un mariage fondé ſur l'amour obſcur, l'eſtime. (Note du Traducteur.)

LETTRE XV.

Divorce.

Moïse avait permis le divorce aux juifs; on le regardait chés ce peuple comme un remède salutaire ou naturel contre le dégoût, & l'antipathie qui peuvent survenir entre des époux, contre les obstacles physiques qui s'opposent quelquefois à leurs amours. Le fondateur du christianisme qui suivit toujours le judaïsme, prêche cependant l'indissolubilité du mariage. Les pharisiens demandèrent un jour à Jésus s'il était permis de répudier sa femme, & dans quel cas? Il leur répondit que le Créateur de toutes choses avait uni l'homme & la femme au commencement, pour vivre toujours ensemble. Les pharisiens lui répondirent que Moïse avait permis de répudier sa femme, en lui donnant un billet de divorce. Moïse, leur dit Jésus, ne donna cette permission qu'à cause de la dureté de vos cœurs; mais moi je vous dis, que quiconque répudie sa femme, excepté dans le cas de fornication, commet un adultère.

Jésus ne permettait donc le divorce qu'à l'homme dont l'honneur était blessé. Hors ce cas le mariage est indissoluble. Ses partisans ont suivi à la rigueur cette doctrine; Paul & tous les apôtres l'ont prêchée: ils n'ont pas même admis le divorce dans le cas de fornication; & l'église romaine ne sépare jamais que les impuissans.

C'eſt contre cette doctrine pernicieuſe au genre-humain, que tous les philoſophes ont élevé leurs voix ; elle bleſſait trop évidemment la loi naturelle, les loix mêmes de la ſociété pour ne pas eſpérer du ſuccès de cette entrepriſe. Néanmoins les eſprits ſont encore trop engourdis dans le préjugé : ce n'eſt qu'en les électriſant ſouvent qu'on peut tirer du feu de leur ame.

Que les époux, à qui on ôte la conſolation du divorce doivent être malheureux ! L'hymen eſt preſque toujours le tombeau de l'amour ; le dégoût prend alors ſa place ; & peut-on vivre toujours enſemble lorſque l'averſion vous ſépare ? Le paſſé, le préſent, l'avenir, tout eſt ſupplice aux yeux des deux époux. Si le paſſé fut doux, ſon ſouvenir eſt amer, quand on le compare avec le préſent ; & on ne tire le rideau qui couvre l'avenir, que pour y voir une perſpective affreuſe.

La liberté paraît être une partie eſſentielle du bonheur ; il fuit par-tout où il voit des chaînes. Deux êtres forcés de s'aimer ſe haïront : ils ſe feraient aimés libres. Le mariage par ſon indiſſolubilité n'eſt donc qu'un eſclavage perpétuel. C'eſt le rocher d'Ixion.

Quels ridicules dans les vœux qui font la baſe du mariage ! On promet de s'aimer éternellement ; on ſe promet une fidélité mutuelle. L'homme peut-il donc maîtriſer les évènemens, les circonſtances ? peut-il ſe rendre garant de lui-même un inſtant ? L'homme eſt une machine, une girouette. Les paſſions, les circonſtances, les ſenſations extérieures ſont les vents : comme eux, elle change à chaque instant. Qui ne rirait pas d'un homme qui jurerait que le vent du Nord fera toujours tourner sa girouette ? L'homme d'aujourd'hui n'est pas celui de demain. Autre sang, autre manière de voir. Il a bien la même carcasse; mais le mobile a changé. Jurer donc d'être constant, jurer d'avoir la même passion, c'est jurer qu'on aura toujours les mêmes vertus, c'est jurer qu'on aura toujours le même sang, la même manière de voir; c'est jurer qu'on se rencontrera toujours dans les mêmes circonstances, qu'on sera toujours mu, attiré, *équilibrisé*, de même. C'est être fou; c'est ne pas se connaître. Aussi en rompant ces vœux, qui sont contre l'organisation de l'homme, on n'est point criminel. On ne fait que rendre à la nature ce qui lui est dû : on ne fait qu'expier une folie. Car dans la nature le mariage en est une, & l'adultère ou la fornication ne sont qu'une réparation, qu'une pénitence expiatoire de ce péché anti-naturel.

On commence à douter à présent que le ciel reçoive les vœux d'un être qui se dévoue toute sa vie à l'austérité religieuse. On commence à croire qu'un vœu de virginité blesse la nature, le bonheur & l'Etre-suprême. Il en est de même du mariage indissoluble.

Dieu ne nous a pas formés d'une nature inconstante pour suivre une constance éternelle. Il ne nous a point donné le dégoût pour lutter contre lui; il ne nous a point donné un attrait singulier pour le plaisir, pour nous commander de le fuir. Notre organisation est la seule loi que Dieu nous ait donnée; c'est elle qu'il faut suivre. A-t-il prescrit des bornes à la mer pour s'en écarter ? A-t-il tracé le cours du soleil pour qu'il cesse de nous éclairer ? O hommes, pourquoi, plus audacieux que ces Grands-êtres, prenés-vous le contrepied de la volonté de votre formateur ? Pourquoi vous tourmenter si ingénieusement pour l'offenser, tandis qu'en nageant dans les plaisirs, vous obtempérés à ses loix ?

Je lisais l'autre-jour, ma chère Elise, l'histoire d'une veuve qui aimait tendrement un jeune homme; elle lui en fit l'aveu. Il la pressa, la conjura de l'épouser. Elle n'y consentit jamais; ils furent sept ans heureux. Le *conjungo vos* eût banni leur bonheur. O, ma douce amie! suivons l'exemple de ces amans. Je n'ai pas besoin, pour être certain de ta foi, de ton amour, de quelques mots latins bredouillés par un prêtre. Ce n'est pas là le talisman auquel est attaché notre bonheur; il est dans tes yeux, dans tes charmes. Si le prestige se dissipe jamais, j'aurai le courage de te dire, je t'ai aimée. A l'amour violent nous pourrions substituer la douce amitié. Si elle n'en a pas les feux brûlans, elle n'en a pas les soucis cuisans.

Je n'aurai pas alors besoin d'écrire des volumes pour me séparer de toi, comme fit notre grand Milton pour répudier sa femme qui l'avait outragé. Il raisonna, compila, composa pour prouver une vérité évidente. C'était employer la massue d'Hercule pour assommer un Pygmée.

Car si la paix & le bonheur sont l'unique but du mariage, pourquoi forcer un homme qui gémit sous son joug, à porter éternellement ses chaînes ? Si l'amour est l'essence du mariage, pourquoi en laisser subsister les nœuds, lorsque l'indifférence ou souvent l'aversion l'ont remplacé ? Dieu, la nature, la société, le bonheur individuel, tout exige alors qu'on rompe ces liens importuns.

Dieu a voulu que les époux ne fussent qu'une même chair, qu'un même esprit : voilà la première loi qu'il a posée pour l'union des sexes. Peut-il donc exister un mariage entre deux êtres qui se haïssent, dont les sentimens sont contraires, dont l'antipathie éloigne le bonheur ?

La société pourrait-elle s'opposer à cette rupture ? A-t-elle pû ordonner l'indissolubilité des mariages ? De quel droit déroge-t-elle aux loix sacrées & invariables de la nature ? De quel droit les renverse-t-elle ? Si elle veut que les hommes s'aiment constamment, & qu'ils restent toujours unis à la même femme, qu'elle change donc les tempéramens, la manière de voir. Qu'elle rende donc les épouses perpétuellement aimables. Qu'elle mette dans tous les mariages une parfaite uniformité dans les caractères ; ou si ces miracles sont au-dessus de ses forces, pourquoi déranger l'ordre de la nature, pourquoi introduire des loix qui lui sont contraires ? Que la société se soit formée de gré ou par la force, l'homme a dû toujours rester homme; il n'a jamais pu être obligé à des loix qui blessent son individu, sa nature. Il s'y serait obligé que cette obligation serait nulle, parce qu'il n'est pas maître de disposer de sa constitution. Ce n'est point une cire qui puisse se prêter à toutes les modifications qu'il voudra lui donner. Qu'il commande à son sang de ne pas circuler, à son estomac de ne pas digérer; il ne sera pas obéi. S'obliger de respecter la loi de l'indissolubilité du mariage, c'est obliger à se nourrir toujours des mêmes alimens, à boire toujours la même liqueur. C'est disposer de soi-même avant de savoir comment on existera dans l'avenir. Un citoyen qui a des causes légitimes peut donc répudier sa femme; il ne fait que jouir de ses droits; & si la société entendait ses véritables intérêts, elle le protégerait. Il y aurait moins de célibataires, moins d'époux malheureux: les femmes ne seraient pas alors des harpies impitoyables occupées à nous déchirer; elles respecteraient leurs maris, elles les aimeraient; la crainte d'une séparation serait un garant de leur amour constant. Elles ne se feraient pas un jeu d'outrager leurs époux; ne donneraient pas au public le spectacle de tant de scènes scandaleuses. La population augmenterait, plus de richesses conséquemment pour un état; les enfans connaîtraient la vertu dès leur berceau; en la voyant régner dans leurs auteurs, ils marcheraient sur leurs traces.

Ne crois pas, ma chère Elise, que ces avantages que le divorce introduit soient chymériques.

Dans les beaux jours de Rome le divorce était permis. Les romains en étaient-ils plus mauvais citoyens, plus mauvais pères, plus mauvais époux? Les dames romaines ne donnaient-elles pas alors les plus beaux exemples de la fidélité conjugale? Ne crois pas encore qu'on usât beaucoup de la permission de répudier si on la donnait. Dans 300 ans on ne compta à Rome que deux ou trois divorces. C'est bien alors que la nature reprendroit ses droits. La beauté, la douceur, la sensibilité sont des charmes qui nous enflamment; c'est un penchant irrésistible; & le penchant serait alors la seule loi du mariage. On bannirait ces tristes raisons d'intérêt qui étouffent le bonheur & effarouchent les amours. On ne se rendrait pas malheureux pour de l'or, & on ne mettrait pas à prix le bonheur de toute la vie.

Il faut espérer que la société & la religion ouvriront un jour les yeux sur les abus de l'indissolubilité du mariage: qu'elles rétabliront le divorce. La société, parce que tous ses membres seront plus heureux, parce que la population augmentera, parce que le mariage ne faisant plus que des heureux au lieu d'esclaves, étendra son empire par-tout.

Il est inconcevable que la religion chrétienne ait proscrit le divorce; elle n'est qu'une branche de judaïsme, & il était adopté chés les juifs. Suivant Jésus, c'est à cause de la dureté de leurs coeurs que Moïse l'avait permis; mais les juifs ſont-ils les ſeuls qui aient cette dureté? Les chrétiens ne leur reſſemblent-ils pas? Ont-ils une autre conſtitution? Sont-ils moins hommes pour être chrétiens? Pourquoi donc leur ôter le divorce? Pourquoi vouloir joindre ce que Dieu a ſéparé? La lumière avec les ténèbres, l'infidèle avec les croyans? Ce paſſage de Paul reçoit ici une entière application.

D'un côté Dieu s'écrie, en créant Eve: il n'eſt pas bon que l'homme vive ſeul; & de l'autre ſon fils enſeigne qu'il n'eſt pas bon pour l'homme de ſe marier! Comment concilier ces paſſages? Si le divorce était permis, le mariage ne ſerait pas un eſclavage, & n'effrayerait pas alors les aſpirans. Il ſerait bon de ſe marier: avec un mot les loix remédieraient à bien des inconvéniens.

Je ſais que dans notre pays & dans notre religion le divorce eſt permis dans le cas d'adultère; mais je ſais auſſi les difficultés qu'on rencontre pour le faire prononcer. Il faut donner au public le ſpectacle ſcandaleux des ſcènes lubriques, pour convaincre les juges, & obtenir une ſéparation. Ne vaudrait-il pas mieux s'en tenir à la loi de la nature dans ce cas? On ne violerait au moins pas les mœurs ſous prétexte de les venger.

Quelque dangereux cependant que ſoit cet inconvénient, j'aime mieux notre loi que celle de l'indiſſolubilité éternelle; & je ſuis étonné que les princes philoſophes ne la proſcrivent pas. *)

LETTRE XVI.

Réſurrection.

Le dogme de la réſurrection des corps n'a pas ſans doute été une invention de nos premiers pères. Il eſt ſi inconcevable, il renferme des idées ſi inconciliables. . . . il faut en vérité avoir de la foi pour le croire. Les juifs ne le croyaient pas, ne le ſoupçonnaient même pas, eux donc la ſecte la plus floriſſante était celle des ſaduccéens, qui niaient même l'immortalité de l'ame. Le fondateur du chriſtianiſme n'a pas enſeigné cette réſurrection. On peut le voir dans l'Evangile; elle eſt comme ces prétendus ſacremens, ces dogmes myſtérieux qu'on lui attribue, le fruit de l'imagination échauffée de quelques-uns de ſes apôtres. Paul eſt celui qui a prêché avec plus d'ardeur, avec plus d'inintelligibilité, cette réſurrection des morts. Son ſyſtême ne fut pas d'abord bien goûté. Il nous l'apprend lui-même: mais on

*) Il eſt à préſumer que le premier légiſlateur de l'Allemagne ſuivra un jour cette idée, dont des circonſtances particulières l'ont ſans doute forcé à différer l'exécution. Je lui prédis d'avance qu'il en réſultera la plus grande population, & par conſéquent plus de forces pour attaquer ou pour ſe défendre.

s'accoutuma insensiblement à cette opinion singulière. A force d'entendre parler de mystères, on s'accoutume, dit Montaigne dans son énergique langage, à *leur étrangeté*, & on *se domestique* l'erreur en la voyant souvent ; c'est à présent un article de foi chés tous les chrétiens ; Mahomet même l'inserra dans son Alcoran ; les juifs, on ne sait pas pourquoi, y souscrivent. Qu'on vienne donc citer à présent l'universalité d'une croyance, pour preuve de la vérité d'un dogme. La plûpart des peuples croient au mystère inconcevable & absurde de la résurruction des corps. . .

Absurde, oui, ce n'est point trop s'avancer ; car il est impossible, géométriquement parlant, que tous les hommes, qui ont paru jusqu'à présent, & ceux qui vivront par la suite, ressuscitent avec les mêmes corps. La matière en effet qui a servi à construire le corps, par exemple d'un César, s'est décomposée après sa mort, & a servi à former de nouveaux corps, se trouve aujourd'hui de transmutation en transmutation, plante, animal, où Monsignor depuis que la terre existe ; c'est toujours la même dose de matière, que par sa faculté reproductrice, a formé tous les corps qui l'ont couverte, sans que pour cela cette dose soit augmentée. Au bout d'un certain tems, la quantité de matière qui se trouve dans tous les corps produits doit donc être égale à la masse totale de la matière, la surpasser au bout d'un tems plus long. . . . Si dans ce tems on voulait rassembler tous les corps, il ne serait pas possible de faire cette opération, puisqu'il n'y aurait pas assez de matière.

Les catholiques objectent à cela la toute-puissance de Dieu. Cet argument est une selle à tous chevaux, pour parler trivialement; mais en supposant que Dieu a créé un matière suffisante pour tous les corps, ce ne sera toujours pas la même matière qui les composait d'abord.

N'est-ce pas blasphémer l'Etre-suprême que d'invoquer ici sa puissance? Quel ridicule, de l'employer à faire des nés, des jambes, des derrières à ceux qui d'entre les morts en manqueront!

Enfin quel est le but de cet éclatant miracle de la résurrection? Les justes jouiront avec leurs corps des plaisirs incorporels du paradis? Et le corps des méchans partagera leur supplice avec leur ame; ensorte que ce miracle incompréhensible a un but aussi incompréhensible; mais avec quels corps les uns & les autres ressusciteront-ils? Nos corps se renouvellent en très-peu de tems. Le corps qui a commis le péché n'est pas celui qui est enterré. Ressuscitera-t-on avec le corps de l'enfance, de la jeunesse, de la vieillesse? Les docteurs sont très-embarrassés, faute de savoir bien-précisément des conjectures; & voilà comme on en impose, voilà comme en imposait hardiment l'apôtre Paul, quand il déclamait contre ceux qui ne croyaient pas à cette résurrection des corps; que de mauvais raisonnemens il emploie! S'il n'y a point de résurrection, dit-il, donc Jésus Christ n'est point ressuscité; s'il n'est pas ressuscité, donc nous sommes de faux témoins, donc il n'y a point de foi, point de falut. Quelle mauvaife foi dans ces fauffes conféquences ! Y a-t-il le moindre rapport entre la réfurrection des corps & celle de Jéfus Chrift. Cette dernière peut être vraie, & l'autre chymérique; il n'y a aucune connexion néceffaire entre ces deux efpèces de miracles.

Suppofés, concevés même la poffibilité de la réfurrection d'un cadavre, fain & entier, qui n'eft point devenu encore la proie des vers ni de la putréfaction, comme l'était, dit-on, celui de Jéfus ; mais peut-on jamais concevoir qu'un cadavre dont toutes les parties diffoutes & décompofées, font tranfmuées en d'autres corps, puiffe jamais reffufciter avec ces mêmes parties ? Ce prodige n'eft-il pas incompréhenfible ? Et peut-on conclure la poffibilité de la réfurrection d'un cadavre entier ? Peut-on conclure qu'il n'y a ni falut, ni foi, parce que les corps ne reffufciteront pas ? Quoi, parce qu'il n'eft pas poffible que dix pieds cubes de terre foient fuffifans pour fournir la matière de corps pefant 30 pieds, il en réfulte que nous ne pouvons être fauvés, que nous ferons damnés ? N'eft-ce pas faire dépendre le falut d'une chymère ridicule ? N'eft-ce pas d'ailleurs réduire tout notre être en corps matériel ? Car fi l'ame peut être fauvée, & punie fans lui, qu'importe fa réfurrection ?

Eft-ce encore prouver la réfurrection que de dire comme Paul ? Pourquoi le fait-on bâtifer ? Pourquoi ai-je effuyé mille dangers, fouffert mille tourmens, fi les corps ne reffufcitent pas ?

Ces pourquoi ſophiſtiques ſerviront tout au plus à prouver l'immortalité de l'ame ; mais la réſurrection des corps n'en peut être une ſuite. Si l'on ſe fait bâtiſer, ſi l'on croit, ſi Paul ſouffrit, courut, fut martyriſé, c'eſt qu'il eſpérait une récompenſe dans l'éternité ; & eſt-il néceſſaire que le corps inſenſible & matériel partage ce plaiſir avec l'ame ? On devine plutôt qu'on ne prouve l'immortalité de l'ame, parce qu'on ne peut croire qu'au-delà de la mort le méchant ſoit de niveau avec le juſte. Voilà une des meilleures conjectures ſur leſquelles on appuie l'eſpérance d'un avenir heureux ; mais cet avenir peut-il être fait pour les corps ?

Qu'on voie comment Paul explique ce myſtère de la réſurrection, & l'on jugera que ſon ſublime galimathias ne cède en rien au ſtyle emphatique de l'énigmatique Jean.

"Quelqu'un dira peut-être : en quel corps „reſſuſciterons-nous ? Inſenſé, ce que tu ſèmes „ne ſe vivifie pas avant de mourir. Ce que tu „ſèmes n'eſt pas le corps qui viendra, mais un „grain de bled par exemple. Mais Dieu lui donne „le corps qu'il veut, & à chaque ſemence une „forme particulière. Toute chair n'eſt pas la „même chair. Autre eſt celle des hommes, des „poiſſons, des végétaux, des corps céleſtes, des „corps terreſtres. Autre eſt la gloire des corps „céleſtes, & celle des terreſtres ; car une étoile „diffère d'une étoile : ainſi il en eſt de la réſur„rection des morts. On ſème dans la corruption, „on reſſuſcite incorruptible. On ſème dans la

„baſſeſſe, on recueille dans la gloire. On ſème „un corps mortel, il reſſuſcite immortel & ſpiri„tuel. Ainſi c'eſt un corps ſpirituel & mortel. „Adam le premier homme était une ame vivante, „le dernier Adam un eſprit vivifiant, &c. Je vous „dis cela, mes frères, parce que la chair & le „ſang ne peuvent pas poſſéder le royaume des „cieux, ni la corruption l'incorruptibilité. Je „vous annonce un grand myſtère: nous reſſuſci„terons tous, mais tous changés. Dans un „moment, dans un clin d'œil, au ſon de la trom„pette; car la trompette ſonnera & les morts „reſſuſciteront incorruptibles, & nous ſerons „changés. Car il faut que ce corps corruptible „& mortel, devienne incorruptible & immortel; „& lorſque cela ſera arrivé, alors s'accomplira „cette parole de l'écriture. O mort! où eſt ta „victoire? O ſépulchre! où eſt ton éguillon? Car „le péché eſt l'éguillon de la mort, & la vertu „la loi du péché. . . . . . .„

Quel fatras inintelligible! & quel œil de lynx, y pourrait démêler quelque choſe? Point de principe juſte, point de cohérence dans les idées, point de clarté dans l'expreſſion!

Comme il débite les contes de la vieille phyſique! Comme il viole la logique! Comme il tire des conſéquences fauſſes de principes faux! Où a-t-il vu que le bled meurt avant d'éclorre? C'eſt une rêverie des anciens phyſiciens plus occupés à bâtir des ſyſtêmes qu'à étudier la nature? Où a-t-il vu que ce n'était pas le corps futur qu'on ſemait, mais le grain? Ce grain ne contient pas le germe de tous les épis qui doivent éclorre. Où a-t-il vu que la matière de tous les corps n'était pas la même, qu'une étoile différait d'une étoile? Pourquoi affecter un style oriental, pour expliquer des effets très-simples de la nature? Quelle ridicule comparaison de l'homme à un grain de bled! Ressusciterons-nous donc comme les mouches, comme les vers-à-soie? La mort ne sera-t-elle pour nous que le passage à une nouvelle vie; & circulerions-nous sans cesse de vie en vies? C'est une idée prise du système de la métempsycose, qui était lui-même copié sur la marche de la nature. En observant certains insectes, on voit qu'en très-peu de tems ils prennent cinq à six formes différentes. Tour-à-tour végétaux, reptiles, ces insectes protées changent de forme sans perdre l'existence; & il paraît que c'est la loi générale que suivent tous les corps; loi nécessaire qui dérive du mouvement général. Si les hommes y sont assujettis comme les autres animaux, cette métamorphose prouvera bien l'existence perpétuelle des corps, mais elle en combat l'incorruptibilité & l'immortalité. Paul avait donc tort d'y chercher la preuve de cette immortalité des corps. En dépouillant son raisonnement de l'obscurité dont il l'a enveloppé, on le réduit à cette courte comparaison: de même que le bled meurt avant d'éclorre, de même nous mourons pour devenir immortel. Comparaison fausse sous tous les aspects; fausse parce que le bled ne meurt point avant d'éclorre; fausse parce que l'on ne peut comparer l'immortalité de l'ame à l'accroissement de l'épi. Quand cette comparaison serait juste, quelle preuve donnerait-elle ? Comparaison n'est pas preuve, ancien axiome dicté par la vérité. . . . Qu'on admire le genre de cet apôtre. Enflé dans tous ses raisonnemens, il embouche toujours la trompette pour ne donner que de faibles sons ; il s'explique avec un appareil fastueux : c'est la montagne qui enfante une souris. On en voit ici un échantillon. Il débute par des invectives contre les questionneurs ; il se jette dans de longues interprétations sur les effets de la nature ; il explique majestueusement comment le bled meurt avant de paraître, comment une carpe n'a pas la même chair qu'un mouton ; & il conclut que nous devons ressusciter immortels, parce que l'épi de bled naît d'un grain corrompu. Il se jette ensuite dans des détails mythologiques où mêlant toutes les rêveries du Platonisme, & ses grands mots insignifiant, aux petits contes du Christianisme, il conte une fable inintelligible sur la résurrection, parce que son maître qu'il n'avait jamais vu ni entendu, n'avait jamais rien dit ni écrit sur ce chapitre ; il prédit qu'il y aura une trompette au jour dernier, que les morts l'entendront, qu'ils se réveilleront tout changés & immortels ; il ajoute qu'alors la mort sera vaincue & perdra son éguillon, parce que son éguillon est le péché, & que la vertu est la loi du péché. C'est finir en maître ; mais quel absurde jargon ! On ne fait qu'une petite question à Paul, & il n'y répond pas. Avec quel corps ressusciterons-nous ? Est-ce avec le nôtre ? Est-ce avec un autre ? Il n'y avait pas à tergiverser. Cependant il compose un long & énorme chapitre, où précisément il ne répond point à cette question. C'est comme s'il disoit : je ne puis pas vous dire ce que vous me demandés ; mais je m'en vais vous expliquer ce que vous ne me demandés pas. Je vais vous expliquer, comme quoi Adam n'avait qu'une ame vivifiante, comme quoi le corps deviendra spirituel, comme quoi la trompette sonnera, &c, &c. Paul, Paul ! vous étiés un mauvais logicien.

Que de conséquences on pourrait tirer du morceau que nous venons de rapporter, pour prouver qu'il n'était qu'un hérétique ! par exemple, il est de foi dans l'Église que les hommes ressusciteront dans leurs corps, quoique ni J. C. ni ses apôtres ne l'aient dit ; & Paul enseigne expressément que le corps & le sang ne peuvent posséder le royaume des cieux. Il enseigne de même que le corps deviendra spirituel, & l'Église anathématise tous ceux qui osent avancer que Dieu est assés puissant pour faire penser une pierre ; & le philosophe Locke a été condamné, pour avoir avancé & soutenu cette doctrine que l'Apôtre Paul avait enseignée comme lui. Ainsi donc les opinions ne sont hérétiques que suivant les hommes qui les proposent. Pour la même opinion un anglais serait brûlé & un pauliste béni. Cette inconséquence est digne de ces partisans de Jésus qui brûlent les juifs, parce que Jésus était juif, & suivait le judaïsme.

En tirant au clair le fyftême épais de Paul, on voit qu'il admettait la réfurrection, & qu'il croyait qu'au jugement dernier nous reffufciterions avec d'autres corps que les nôtres, qui deviendront incorruptibles & immortels.

Voilà fon fyftême. Les chrétiens le rejettent dans la première partie, l'adoptent dans l'autre. Toutes les deux font des phénomènes inexplicables, par les loix de la nature. Il eft de l'effence du corps d'être mortel & corruptible, c'eft-à-dire, d'être fujet à la diffolution. Suppofés des parties, il s'enfuit diffolution. Ces parties étant en effet perpétuellement frottées par le mouvement général, doivent fe féparer, former de nouvelles combinaifons, fe diffoudre enfuite, & fuivre toujours la même loi; ainfi fuppofer l'incorruptibilité des corps, c'eft fuppofer leur inertie, c'eft ôter le mouvement général & particulier de l'univers; c'eft fuppofer une abfurdité inconcevable. Enfin avancer que le corps deviendra fpirituel, c'eft confondre les deux fubftances premières, c'eft adopter le matérialifme. Et en l'adoptant, on ne voit pas alors la néceffité de créer un paradis, un enfer, de fe tourmenter pour fabriquer une immortalité qui ne fervirait à rien. On ne voit pas comment les chrétiens pourront jamais fe tirer de tous ces filets. Quand ils s'en fauveraient, refterait toujours le *pourquoi* terrible, inexplicable, qui détruirait tout leur fyftême. Un fameux déifte français, accoutumait fon élève à ne rien faire, ne rien croire qu'après qu'on lui aurait expliqué le *cui bono*, *à quoi bon cela?*

C'eſt une queſtion qui devrait être dans la bouche de tous les hommes, & ils ne croiraient pas à la réſurrection des corps & à tant d'autres fables.

Mahomet, cet homme plus grand que tous les impoſteurs qui l'avaient précédé, plus grand que Paul, avait bien ſenti la faibleſſe de cette opinion ſur la réſurrection; mais elle était néceſſaire dans ſon ſyſtême. Il avait placé des houris, ou des femmes charmantes dans ſon paradis, & elles n'étaient pas faites pour de purs eſprits. Mais d'ailleurs ſans donner dans le phébus, comme il explique avec nobleſſe ce miracle! Pourquoi fait-il dire à l'Etre-ſuprême, "pourquoi les hommes „ne reſſuſciteront-ils point? Ne voient-ils pas le „ciel au-deſſus d'eux, comme nous l'avons bâti, „comme nous l'avons ordonné? Nous avons „étendu la terre, élevé les montagnes, & fait „produire toutes ſortes de fruits pour ſigne de „notre toute-puiſſance; nous avons envoyé la pluie „du ciel, & nous avons fait naître dans les jardins „des grains agréables aux moiſſonneurs, des pal„miers les uns plus élevés que les autres pour „enrichir les créatures. Nous avons donné la „vie à la terre morte, ſèche & aride. Ainſi les „morts ſortiront de leurs tombeaux. „ *)

Qu'il y a loin de ce ſublime langage à la groteſque comparaiſon de l'épi qui naît d'un grain mort. Le phyſicien ne verra dans Paul qu'un homme qui connaiſſait peu la nature; le logicien qu'un mau-

*) Alcoran chap. de la choſe jugée p. 303.

vais raisonneur; le philosophe qu'un enthousiaste entêté, qu'un charlatan qui payait son auditoire en mots.

LETTRE XVII.

Contradictions de Paul dans ses récits.

Tu as dû voir, ma chère amie, par plusieurs de mes lettres, combien de contradictions, d'impostures étaient parsemées dans les Actes des apôtres. Je vais te prouver que Paul lui-même n'en est pas exempt dans ses Epitres, & que ce digne apôtre se parjure souvent sans scrupule.

Voici un passage tiré de son Epitre aux Galates: „Lorsqu'il a plû à celui qui m'a séparé du ventre „de ma mère, & qui m'a appelé dans sa grace, „afin de révéler son fils & de le prêcher aux „nations par ma bouche, je n'ai pas tout d'un „coup acquiéscé au sang ni à la chair: *je ne suis „pas venu à Jérusalem, je n'ai pas vu les apôtres, „mes prédécesseurs; mais j'ai passé en Arabie, & „delà je suis retourné à Damas. Ensuite après trois „années j'ai fait un voyage à Jérusalem, où j'ai „vu Pierre.* J'ai resté près de lui pendant quinze „jours. *Je n'ai vu aucun autre des apôtres,* „excepté Jacques, frère du Seigneur. Croyés ce „que je vous écris, parce que je vous l'écris „devant Dieu, & que je ne ments pas."

Néanmoins quoiqu'il jure ne pas mentir, je crois, & *j'écris devant Dieu*, qu'il l'a attesté pour mentir, & qu'il n'y a pas un mot de vérité dans ces histoires sacrées.

Il ajoute: j'ai passé en Syrie & en Cilicie. „J'étais inconnu aux églises de Judée, qui croyaient „le Christ. Elles savaient seulement que celui „qui les persécutait autrefois prêchait le Christ."

Si l'on doit ajouter quelque foi aux Actes des apôtres, ce voyage de Jérusalem trois ans après sa conversion, cet incognito qu'il garda dans cette ville, même à l'égard des apôtres, tout est faux. Consultons en effet le récit que fait l'auteur de ces Actes, de ce qui arriva à Paul après sa conversion. Il dit „qu'il resta plusieurs „jours avec les disciples qui étaient à Damas." Première contradiction avec Paul qui assure n'avoir point eu de commerce à Damas avec le sang ni la chair. *)

L'historien ajoute: „qu'aussitôt après, il „prêchait dans toutes les synagogues: que le „Christ était le vrai fils de Dieu. Mais tous ceux „qui l'entendaient étaient surpris & se disaient: „n'est-ce pas celui qui persécutait les partisans „du Christ, & qui vint ici avec le dessein & le „pouvoir de les amener enchaînés aux pieds du „Grand-prêtre? & Saul se fortifiait de plus en „plus. Il confondait les juifs qui étaient à Damas, „& leur prouvait que celui qu'ils avaient crucifié „était le Christ. Après que plusieurs jours se

*) Ces expressions sont métaphoriques. C'est là le style de Paul. (Note du Traducteur.)

„furent écoulés, les juifs résolurent entr'eux de „le tuer: mais ce complot parvint aux oreilles de „Saul. Il fut qu'ils gardaient les portes nuit & „jour, afin de ne pas le laisser échapper. Alors „les disciples s'assemblèrent la nuit, firent „descendre Paul dans une corbeille le long de la „muraille. *Lorsqu'il fut arrivé à Jérusalem*, il „essaya de se joindre aux disciples; mais ils le „craignaient, parce qu'ils ne le regardaient pas „comme un disciple. Cependant Barabas l'intro„duisit auprès des apôtres, leur raconta comment „il avait vu le Christ, ce qu'il lui avait dit, ses „prédications hardies à Damas au nom de Jésus, „sa sortie heureuse de cette ville, son arrivée à „Jérusalem."

L'historien ajoute qu'alors il disputa contre les grecs, qu'ensuite on l'envoya à Césarée, delà à Tarse.

Il était nécessaire de faire cette longue citation. Aucune partie n'en étant rétranchée, on peut aisément comparer les deux récits, & en appercevoir les contradictions. Sans relever ici les petites différences, les inutilités, les mensonges de Barnabas qui assurait que Saul avait parlé au seigneur sur le chemin, tandis que Saul lui-même assure avoir été foudroyé par cet éclat de lumière, & n'avoir pas ouvert la bouche, arrêtons-nous à quatre principaux mensonges, qui se trouvent dans l'Epitre de Paul aux Galates.

Premier mensonge. Son voyage en Arabie, son séjour dans ce pays pendant trois ans.

L'historien des Actes des apôtres assure que de Damas il vint à Jérusalem.

Deuxième mensonge. Son retour d'Arabie à Damas.

Troisième mensonge. Il écrit aux galates que de Damas il alla ensuite à Jérusalem pour voir Pierre. Ce n'était là ni la cause, ni le motif de son voyage. En horreur à tous les habitans de cette ville, ils voulaient se délivrer par la mort de ce nouveau sectaire, qui prêchait contre la religion publique, cimentée par les loix. Saul apprend leur dessein; puis en homme brave, en chrétien déterminé à suivre son maître jusques sur la croix, il se sauva dans une corbeille qu'on coula le long d'une muraille de Damas. *) Beau modèle ! bel exemple pour les martyrs qui le suivirent! Voilà la cause de son voyage. Là il essaya de s'introduire dans le cénacle des nouveaux religionnaires ; mais on se ressouvenait de ses anciennes persécutions. Il fallut que Barnabas employât toute son éloquence, racontât une vision dont il n'avait pas été le témoin que Saul n'avait point eue, la peignît des plus belles couleurs, prêtât au Christ qui n'était point apparu, & qui n'avait point parlé, un discours assez semblable à ceux que Tite Live met à la bouche

*) La suite n'est pas glorieuse ; mais aussi pourquoi cet ange qui ouvrit les portes de la prison à Pierre ne vint-il pas ? Il y aurait eu plus de merveilleux, & Paul n'aurait pas fui comme un déserteur, comme un fripon ! (Note de l'auteur.)

de rustiques généraux qui ne savaient que se battre: il fallut tout cela pour la réception de St. Paul à l'apostolat.

Quatrième mensonge: Après ce secours essentiel, que Barnabas rendit à Paul, il est singulier que celui-ci nie avoir vu à Jérusalem aucun des apôtres, excepté Jacques. Pourquoi donc oublie-t-il son introducteur, son avocat? Devant quels juges plaida Barnabas? L'historien des Actes des apôtres dit en propres termes, quand Barnabas amena Saul aux apôtres, il les vit donc.*)

Et cependant ce sincère apôtre affirme devant Dieu qu'il n'en a vu aucun! Combien d'autres petites contradictions tu pourras remarquer dans les deux récits que je t'ai copiés!

Ce n'est pas tout, ma chère amie; je ne t'ai montré ici que Paul en contradiction avec l'auteur des actes des Apôtres sur les mêmes faits. Sur ces mêmes faits tu vas le voir se démentir lui-même. Tu sais qu'étant accusé, il parut devant le Roi Agrippa, Bérénice & Festus. Après leur avoir raconté les miracles qui s'y étaient opérés il leur dit: "O Roi Agrippa, je ne désobéis point „à la voix céleste; je me montrai d'abord à Damas, „*ensuite à Jérusalem*; delà je parcourus toutes „les côtes de la Judée. Par-tout je prêchai aux „gentils qu'ils fissent pénitence, qu'ils retour„nassent à Dieu: qu'ils en trouveraient la récom„pense. Voilà le sujet qui a élevé les juifs contre

---

*) Act. de ap. 9. 27.

„moi, qui les a ameutés dans le temple pour „me tuer. „

Voilà un démenti formel qu'il ſe donne à lui-même; il affirme ici avoir été à Damas à Jéruſalem: ailleurs il jure devant Dieu avoir fui de Damas en Arabie, & y avoir reſté trois ans! & l'on dira que cet Apôtre n'eſt pas un parjure! Et l'on canoniſera ſes parjures, ſes contradictions! On viendra nous donner cet impoſteur comme un envoyé de Dieu, comme un inſpiré, à qui l'eſprit ſaint dictait toutes ſes penſées! N'eſt-ce pas blaſphémer l'Etre-ſuprême, que de tenir un pareil langage? A quel caractère donc reconnaître ces hommes iniques dévoués à ces génies malfaiſans qu'on a nommés démons, ſi non au maſque de la fourberie qui les couvre, au viſage double du menteur & de l'hypocrite? Ces charlatans infernaux partagent donc avec les envoyés de Dieu, les mêmes caractères! Et ſi nous ſommes obligés de les croire; quelle idée avoir d'un ſouverain qui paraît prendre plaiſir à jeter ſes ſujets dans l'erreur. . . ?

Je ne dis pas que Paul ſoit toujours un impoſteur. Il eſt quelquefois l'interprête de la vérité! Mais on a des ſoupçons ſur la véracité de ſes récits, de ces viſions, lorſqu'on le voit affirmer ſi ſouvent, prendre Dieu à témoin qu'il n'eſt point un menteur. Eſt-ce là le langage d'un homme vrai? Paul ne ſera pas l'Apôtre de nos ruſtiques Quakers; & l'était-il de ſon maître, qui diſait à ſes diſciples: "Quand on vous interrogera,

„répondés oui & non: n'atteſtés jamais le nom du „Dieu vivant. „

Il avait apparemment beſoin de toutes ces proteſtations pour couvrir d'un air de vérité ſes contradictions, ſes menſonges. Je tombe par hazard ſur deux de ces menſonges qu'il ſoutint avec toute la hardieſſe que la vérité ſeule devrait avoir. C'eſt lorſqu'il parut devant le grand prêtre, devant le ſanhédrin, où il plaida ſa cauſe. "Il „apperçut, dit l'hiſtorien des actes, d'un côté une „multitude de ſaducéens, & de l'autre des phari„ſiens; il cria auſſitôt: „ *) Hommes & frères! je ſuis phariſien, le fils d'un phariſien; je crois à la réſurrection; **) voilà mon crime. C'était un ſtratagême dont il ſe ſervait pour ſe délivrer des mains du grand prêtre. Il lui réuſſit; mais il ne ſe ſauva que par deux menſonges, d'abord en affirmant qu'il était phariſien & fils de phariſien; en ſecond lieu qu'il était accuſé pour croire à l'immortalité de l'ame & à la réſurrection. Combien l'amour de la vie & la crainte du ſupplice aviliſſent l'homme!

Voilà pourtant le modèle que ſe propoſaient les premiers chrétiens! S'ils avaient raiſonné con-

---

*) Act. 23, 6.

**) Ce paſſage des Actes des Apôtres détruit le ſentiment de ceux qui penſent que les juifs ont tous cru, & de tout tems, ſoit à l'immortalité de l'ame, ſoit à la réſurrection des corps niée par les ſaducéens, dont l'opinion était la plus ancienne & tirée des livres de Moïſe.

(*Note du Traducteur.*)

ſéquemment y aurait-il eu des martyrs? Des inſenſés ſe ſeraient-ils offerts à la mort; l'auraient-ils demandée avec inſtance? Auraient-ils crié devant les juges païens qu'ils étaient tous chrétiens, tandis qu'un chef du parti proteſte qu'il était phariſien, qu'il ſuit le judaïſme dans un tems où il avait embraſſé la loi de Jéſus Chriſt: où il la prêchoit devant un auditoire aux yeux duquel il aurait dû dévoiler ſon ame, mettre au jour ſes ſentimens, les défendre avec énergie? Le lâche! il mollit, il a recours à l'artifice d'un Simon; il couvre ſon opinion du voile du menſonge; il ſe traveſtit, il ſe peint tel qu'il n'était pas. L'aſpect du grand prêtre ſon ennemi juré lui avait apparemment glacé le courage. Ce trait de bravoure peut ſervir de pendant à celui qu'il donna au Public, en ſe ſauvant de Damas dans une corbeille. Il faut avouer que les premiers tableaux du chriſtianiſme repréſentent des figures bien-nobles, & bien-mâles, ont des jours bien-brillans. . . . Paul aimait ſon ſalut & ſa vie. Au reſte il était ſi néceſſaire au nouveau parti, il avait d'ailleurs tant d'heureuſes qualités, qu'un lecteur débonnaire peut lui pardonner ces petites taches. Les ſoleils en ont ſouvent; & Paul avait l'humilité de s'en croire un.

LETTRE XVIII.

Contradiction de St. Paul dans ses opinions, il soutient tour-à-tour le Déisme, le Polithéisme, le Manichéisme, le Matérialisme, le Judaïsme, l'Idolatrie, la tolérance, l'intolérance.

Si Paul eût écrit ses épitres de nos jours, ne doute pas, ma chère amie, qu'elles eussent été censurées par la Sorbonne, mises à l'index à Rome, réprouvées par-tout, comme contenant des semences d'hérésie. On y trouvera en effet des germes du polithéisme, du nestoriasme, de l'arianisme, du spinosisme, du manichéisme. Jansénius, Fénélon & tant d'autres qu'on a voulu, bon gré malgré, trouver hérétiques, avaient sans doute puisé à cette source!

En effet tantôt déiste, Paul ne reconnaît qu'un seul Dieu, tantôt il admet le polithéisme, & reconnaît qu'il y a dans le ciel plusieurs dieux, plusieurs seigneurs; on a dit qu'il n'entendait par ces mots que ces divinités subalternes qui tiennent leur pouvoir du Grand-être & remplissent l'espace intermédiaire entre lui & les hommes; mais n'est-ce pas consacrer les rêveries du paganisme sur les demi-dieux, des orientaux sur les génies? N'est-ce pas autoriser l'existence de ces silphes & de ces gnomes dont une imagination trop échauffée a peuplé les airs & la terre ?

Que Paul ait toujours distingué Dieu de Jésus Christ, c'est ce qu'on ne peut contester. Il n'est qu'un seul Dieu, s'écrie-t-il, de qui tout découle, & il n'est qu'un seul seigneur Jésus Christ. Il mettait donc une grande différence entre Dieu & seigneur. L'un était le maître de tout l'univers ; mais il avait revêtu le Christ d'une partie de son pouvoir ; il en avait fait le seigneur de la terre ; il l'avait créé, dit Paul, afin qu'il dominât les vivans & les morts. Aussi ne donne-t-il toujours au Christ que l'épithète de Seigneur, & jamais celle de Dieu.

Mais voici un passage qui ôte jusqu'à la moindre trace du doute, s'il en restait encore. Je veux que vous sachiés, dit-il aux corinthiens, que le Christ est le chef de tout l'homme, l'homme le chef de la femme, & Dieu le chef du Christ. Dieu était donc supérieur au Christ ; il était son maître. Jésus n'était donc pas son égal ; mais il n'était qu'un être favori à qui il avait donné une mission pour annoncer sa loi ; ce n'était qu'un prophète, peut-être le premier de tous, comme le pensait Mahomet, ce Mahomet à qui l'on a enlevé la gloire d'auteur du Koran, pour la donner à un moine qui ne s'en est peut-être jamais douté. On est étonné que l'église romaine ait adopté avec tant de chaleur la Divinité de Jésus Christ, qu'elle ait reçu avec tant de légèreté, défendu avec tant d'acharnement des mystères, dont-il n'est pas question même dans Paul.

Il suffirait de lire les premiers versets de l'Epitre aux Romains. Jésus est le fils de Dieu, fait de la semence de David, suivant la chair, & prédestiné fils de Dieu.

Il était donc réellement un homme, fils de David; mais Dieu l'avait prédestiné pour son fils. S'il eût été Dieu lui-même, aurait-il pu être prédestiné ? Il aurait donc été en même tems son père & son fils; quel absurde galimathias ! est-il possible de le concevoir ? Il a cependant été admis. Tout incrédule est hérétique. Voilà la cause de la condamnation de Nestorius & d'Arius. Paul leur avait cependant tracé le chemin, & il est canonique.

Ne verra-t-on pas encore le spinosisme consacré dans ses écrits, quand il enseigne que nous sommes tout en Dieu, que Dieu est en nous, *Domini vivimus, Domini morimmo*, opinion qui est la base du systême de la substance unique & de ses modalités.

N'y trouvera-t-on pas l'apologie du manichéisme. Une branche de ce systême était que nous étions composés de deux principes dont l'un nous portait au bien, l'autre au mal. Paul admettait ces deux principes. Il écrivait qu'il y avait deux hommes dans lui, luttant perpétuellement.

Et ce dur systême de la prédestination outrageant pour la Divinité, & qui n'offre qu'un avenir affreux à l'homme vertueux, qui le met de niveau avec le scélérat, ne le prêche-t-il pas par-tout ? Ne refuse-t-il pas dans un autre endroit, l'immormortalité de l'ame au méchant? Delà point d'enfer.

Que pouvait répondre un papiſte qui voulait ôter à tout chrétien la liberté d'interprêter à ſon gré l'écriture, à ce paſſage? Ne ſavés - vous pas que vous êtes des temples de Dieu, que l'eſprit ſaint habite en vous? [1]) Mais ſi quelqu'un viole ce temple, Dieu le détruira; ne renferme-t-il pas & la faculté générale accordée à tous les hommes d'examiner, & la prédiction du ſort de l'impie qui veut leur arracher cette faculté?

Combien de funeſtes conſéquences découlent de ce ſyſtême qu'il rebat par-tout, que l'on ſe ſauve par la foi ſans les œuvres: ſyſtême qui ferme les portes du ciel à l'homme juſte, pour le peupler d'imbécilles! [2])

Et cet autre ſyſtême qui attache à la naiſſance ſeule de la loi, la naiſſance du crime. Paul s'écrie par-tout: [3]) *ubi non lex non prævaricatio peccatum non cognovi niſi per legem.* Ainſi il n'y a point de crime dans la nature; ils ne doivent leur exiſtence qu'aux loix poſitives. Ainſi point de crimes pour ceux qui ne les connaiſſent pas; point de punition, point d'enfer pour ces mortels heureuſement ignorans. Quelle morale affreuſe! ils ne ſeront donc pas plongés dans les ſupplices, ces barbares qui ſe font une loi, un plaiſir de la deſtruction de leurs ſemblables; ces antropophages qui en dévorent des membres palpitans, ces chinois trop célébrés, qui noient ou empoiſonnent les enfans qu'ils ne peuvent nourrir,

[1]) Cor. I. 5. 3. v. 17. [2]) R. 3. v. 28. [3]) ibid. 4. v. 15.

car ils n'ont point de loix positives qui leur défendent de souiller leurs mains dans un sang si cher. *ubi non lex, non prævaricatio.* Ainsi il n'est point d'adultère pour les indiens, de sodomie pour les bonses, de concubinage pour les idolâtres, d'erreurs pour le genre-humain. *Nam concupiscentiam nesciebam nisi lex diceret: non concupisces.*

Envain Paul affirme que les prédications des apôtres ont fait retentir sa loi aux deux extrémités de la terre. C'est une fausseté insigne; car il est assez probable que cette loi qu'il prêchait, ne fut pas connue tout d'un coup dans les Indes occidentales qui n'ont été découvertes qu'au quinzième siècle, dans l'Isle d'Otaïte qu'on vient de découvrir, enfin dans ces pays immenses, où l'européen avide & curieux n'a pas encore pénétré.

Aux faussetés Paul joint des absurdités, combien n'en rappellerait-on pas sur le divorce qu'il permet & combat tour-à-tour, sur la Divinité qu'il peint jalouse, tyrannique & capricieuse, sur la justice des hommes qu'il appelle folie, sur les vertus qu'il nomme œuvres inutiles, sur la quiétude de l'ame, pendant que le corps est plongé dans le crime, sur l'efficacité de la grace, matière où toute la perspicacité des œdipes pédantesques vient échouer?

Mais jetons un coup-d'œil sur les contradictions qui règnent dans deux dogmes qu'il traite fortsouvent dans ses écrits. On le voit d'abord donner la préférence aux juifs sur les gentils; on le voit exalter la circonsion, la prêcher aux romains comme nécessaire au salut. On le voit enseigner que le chriſtianiſme n'eſt qu'une branche du judaïſme, que Jéſus a été le miniſtre de la circonciſion, pour accomplir les promeſſes faites aux pères. On le voit enfin vanter avec enthouſiaſme les héros de cette ſecte, ſa morale, ſes cérémonies.

Et bien il écrit aux romains que la circonciſion eſt une cérémonie inutile pour le ſalut, qu'elle n'eſt rien, que le prépuce n'eſt rien, que tout eſt dans l'obſervation des commandemens de Dieu. Il fait une ſatyre des juifs, [1]) de leur culte, fait des libelles contre leurs miniſtres; il met au même niveau les juifs & les gentils, &c, &c. [2]) L'autre point ſur lequel il varie également, eſt le tolérantiſme religieux. Il paraît d'abord qu'il exclut du ciel tous ceux qui n'adoptaient pas la loi qu'il prêchait; c'eſt pour les ſeuls fidèles, que le paradis dont les plaiſirs étaient ineffaçables, s'ouvre; les portes en ſont fermées à tous les malheureux qui n'avaient pas eu l'honneur d'entendre les rêveries de l'obſcur Paul.

Bientôt après il s'humaniſe, il lui paraiſſait dur de damner impitoyablement tous les hommes, parce qu'ils avaient leur prépuce. Il enſeigne à l'univers que Dieu ne fait acception de perſonne, qu'il eſt le Dieu des barbares comme des juifs; il lui apprend que ceux qui n'ont pas reçu la loi ne ſeront pas jugés ſuivant la loi; que la loi naturelle eſt la ſeule qui ſervira de baſe aux jugemens de l'Eternel; qu'enfin ceux qui ignorent la juſtice de Dieu, qui cherchent de bonne foi, n'y ſeront pas ſoumis. Combien de ſaints nouveaux ces maximes

[1]) Cor. 1. c. 7. v. 9. [2]) R. c. 3. v. 9.

ne placent-elles pas dans le Calendrier! Il n'y a donc plus de distinction de religion pour le salut! La vertu seule est la clef qui ouvre l'entrée du paradis! Ainsi les Socrates, les Aristides, les Titus seront placés à côté des Basyle, des Chrisostôme, des Louis! Il y a même tels saints, comme Constantin, Ignace & Dominique, que les premiers rougiraient de fréquenter.

Sur quoi se fondent donc ces cruels théologiens, qui dévouent sans pitié à l'enfer tous ceux qui n'ont pas connu leurs mystères? Ils voient le contraire dans Paul; mais aussi inconséquens que lui, ils ont son fanatisme sans avoir son humanité. Que te dirai-je, ma chère Elise, des autres contradictions de St. Paul? Il se prêtait à tout, il mangeait des viandes avec les païens, faisait le Sabbat avec les juifs, les damnait dans le cénacle, s'écriait dans le Sanhédrin qu'il était pharisien.

Sans doute, les observations que je t'ai communiquées sur les Epitres de Paul, auront changé tes idées. Tu le regardais comme un génie sublime, destiné par le ciel à règner sur les esprits, à établir sur la terre une religion divine. Tes yeux sont désillés; tu as vu qu'il n'était qu'un écrivain boursouflé & inintelligible; qu'un logicien inconséquent, qu'un mauvais politique, qu'un séditieux dont les principes étaient destructeurs de toute société, la morale de toute législation, les dogmes du sens commun. Le goût nous défend de le lire; la politique ordonnerait presque de le brûler.

LETTRE XIX.

Vrai Portrait de l'Apôtre des gentils.

Je ne finirais jamais, ma chère amie, si je voulais examiner tous les points de doctrine enseignés par Paul, & qui sont contraires soit à la loi naturelle, soit aux gouvernemens, soit au christianisme même. Je vais ramasser dans un point de vue général toutes les absurdités qui lui sont échappées; je les crayonnerai en raccourci. Tu le verras par-tout inintelligible, verbiage éternel, minutieux & ridicule, égoïste insupportable, inconséquent & mauvais logicien. Tu le verras enseigner des hérésies, prêcher des faussetés, dogmatiser sur des riens, judaïsant & déjudaïsant, tolérant & intolérant, &c.

Ceux qui liront les Epitres de Paul, & qui connaîtront le style énigmatique du Platonisme seront presque convaincus qu'elles ont été calquées sur le Timée, ou fabriquées par un platonicien. On peut pardonner à nos aïeux d'avoir dit qu'ils entendoient Paul; les bonnes gens avaient tant de vénération pour la sainte antiquité! Mais pour les gens sincères & impartiaux, aux yeux desquels la rouille des tems n'est pas un titre de canonicité, ses Epitres seront toujours inintelligibles.

Ouvrés la première Epitre de Paul; lisés-en attentivement quelques versets; vous n'y verrés qu'un aſſemblage de mots fort-ſurpris de ſe trouver enſemble. Les chrétiens prévenus appellent cela du ſublime, parce qu'ils ne l'entendent pas. Mais mettés ce ſublime à la coupelle; il ne la ſoutiendra pas.

Qu'on liſe le 7e Chap. de l'Epitre aux Romains; je défie le plus habile théologien d'y rien comprendre, depuis le 10e verſet juſqu'à la fin. C'eſt un fatras indéchiffrable. Qu'eſt-ce qu'une, *loi juſte qui opère un péché, un péché péchant, peccans peccatum, une loi des membres, une loi du corps, une loi du péché, le corps de la mort?* *) J'en traduis litérallement deux verſets: "Je ſais que le bien „n'eſt pas dans moi, c'eſt-à-dire, dans ma chair, „car vouloir eſt mon propre, je ne trouve point à „achever le bien. Si je fais ce que je ne veux pas, „ce n'eſt pas moi qui opère, mais le péché qui „eſt en moi; je trouve donc la loi qui veut me „faire du bien, me faiſant du mal.„

Ne dirait-on pas du ſtyle énigmatique de l'Apocalypſe? Voilà pourtant comme Paul s'exprime par-tout. Sur ſeize chapitres dont eſt compoſée ſon Epitre aux Romains, on ne trouvera de clair, que le bon jour qu'il leur donne au commencement, & les éternels ſaluts de la fin.

C'était en partie à la nature des matières que Paul traitait, qu'il dût ſon obſcurité. Eſprit ſaint, graces, prédeſtination, héréſie, &c. tout cela étoit ſi nouveau, ſi parfaitement inconnu!

---

*) R. I. c. 7. 18 & 20.

Avant d'écrire Paul aurait donc dû donner un dictionnaire où il aurait fixé le sens qu'il attachait à ses mots, que de disputes & d'héréfies épargnées au christianisme !

Verbiageur sempiternel, il erre de sujets en sujets, sans s'arrêter à aucun, effleure tout, ne prouve rien. A propos de circoncision il agite des questions subtiles sur la justice de Dieu, tombe ensuite sur la préférence des juifs aux gentils, puis fait des portraits imaginaires, termine par discuter le mérite de la foi. Sans ordre dans ses idées, sans liaison dans ses discours, on ne sait jamais ce qu'il veut dire, on n'entend jamais ce qu'il dit. Rempli de figures, & toujours guindé, il s'égare dans des métaphores inintelligibles, traîne pendant des chapitres entiers des antithèses ridicules, des allégories assommantes, telle est celle des gentils comparés à des branches étrangères. Allégorie aussi ennuyeuse que celle du jeu de réversi dans le poëme de la boucle de cheveux enlevée.

Que de minuties encore dans ses Epitres! on y voit des détails bas & puériles, de longs complimens, d'ennuyeuses salutations : ici c'est *le cher* Timothée qu'on recommande, là c'est une liste de villes & de villages où l'on a passé; ailleurs c'est un manteau qu'on dit avoir laissé à Tarse. On a osé dire que l'esprit saint avait dicté tout cela.

Qui ne rira pas de la grave dissertation de notre apôtre sur la coeffure des hommes & des femmes, sur la manière de se voiler, de se mettre à genoux, de satisfaire à ses besoins ? De cette dissertation ſur les nobles oreilles, ſur la différence d'une carpe à un cochon ?

Je ne diſcuterai point ici ſi la pudeur eſt une vertu; les catholiques le croient. Je ſouhaiterais que cela fût démontré ; mais elle eſt ſingulièrement bleſſée dans les Epitres de Paul. Il peint, ſans jeter le moindre voile, la ſodomie & le tribaudage; il nomme tout par ſon nom. Ce ſont des mâles qui opèrent ſur des mâles, des femmes qui ſe délectent avec des femmes; on croit lire un morceau d'Arretin. Paul n'était pas délicat. Il parle perpétuellement de prépuce & de circonciſion, diſſerte ſur la matrice & le vagin de Sara, ſur la ſemence; avec quelle complaiſance il peint le concubinage! avec quel feu il parle de la beauté des vierges!

Paul avait ſans doute lu ce charmant cantique des cantiques, que les commentateurs ont traveſti ridiculement, en lui prêtant un ſens ſpirituel, comme Théodore de Mopſueſte & Grotius l'ont démontré. Auſſi licentieux que Salomon, il peignait moins bien que lui; au ſurplus eſt-il ſurprenant qu'il ait traité cette matière? *) Il était marié, ſuivant Ignace. Suères qui ne l'était pas a bien compoſé un énorme in folio *de matrimonio.*

Il n'eſt preſque point de chapitre où l'égoïſme de Paul ne perce. On l'a reproché au célèbre Montaigne; il était naturel que ce philoſophe ſe peignît dans ſon portrait; mais un apôtre ne devait parler que de ſon maître.

---

*) Epiſt. ad Philadelph.

Cependant avec quel faste Paul annonce qu'il a été choisi pour le prédicateur des grecs & des barbares, l'apôtre des gentils! avec quel faste il parle de la grace que Dieu lui a accordée, du ministère qu'il exerce, de ses prédications, de ses miracles, de ses révélations! Tantôt il se compare à un savant architecte qui a enlevé un superbe bâtiment, tantôt à un médecin universel réservé pour la guérison du genre-humain. Quelle modestie dans les tableaux de ses souffrances, de son ravissement au troisième ciel, de ses extases! Comme il s'étend sur ses talens & ses vertus! avec quelle audace il commande à ses frères de n'écouter aucun de ceux qui viendraient prêcher une doctrine contraire à la sienne, quand ce serait un apôtre, un ange même! Dans l'une de ses Epitres, il s'écrie avec ostentation: [1]) ne suis-je pas apôtre? N'ai-je pas vu notre Seigneur Jésus? N'êtes-vous pas mon ouvrage?

Enfin pour dernier échantillon de son orgueil, je copierai deux autres passages. Dans un endroit il dit: [2]) je veux que vous soyés comme moi-même. Dans un autre: [3]) soyés mes imitateurs, comme je le suis du Christ.

Le fondateur du christianisme aurait-il tenu un autre langage? Quelle témérité révoltante dans le disciple de s'égaler à son maître, de se donner pour modèle! Etait-ce donc avec ce ton impérieux que le doux, que l'humble Jésus parlait

---

[1]) Cor. ép. I. c. 9. v. I. [2]) ibid. c. 7. v. 7. [3]) ib. c. II. v. I.

à ses disciples ? Il me semble voir ici le modéré Mélanchton & le furieux Luther.

Si Paul était un égoïste insupportable, un rhéteur obscur, il était encore un plus mauvais logicien ; ses Epitres ne sont qu'un tissu perpétuel d'inconséquences. On remplirait des volumes entiers, si on voulait les rassembler. Le hazard me fait tomber sur deux points de doctrine, où son inconséquence éclate davantage. L'un est le mariage. Il le prêche hautement dans une Epitre : *melius est nubere quam mori ;* ailleurs il élève audessus de lui le célibat : *qui jungit, bene facit, qui non jungit melius facit.* L'autre est la défense de manger des viandes consacrées aux idoles. Il les prohibe ici, il veut qu'on rejette ceux qui en mangent comme des gens scandaleux ; ailleurs il soutient qu'on peut en manger, que tout est indifférent aux yeux de la Divinité.

Mais veut-on voir une preuve qu'il ne savait pas même tirer la conclusion d'un raisonnement ? La voici : je copie le passage. [1])

„Les langues sont un signe non pour les „fidèles, mais pour les infidèles, les prophéties, „non pour les infidèles, mais pour les fidèles.

„Si donc dans une assemblée de l'église où „l'on parlera toutes les langues, il entre des „infidèles, ne diront-ils pas, que nous sommes „fous ? Mais si tous prophétisent, ils seront „convaincus."

---

[1]) Cor. I. c. 14. v. 22. 23.

La concluſion n'eſt-elle pas ici préciſément le contraire des premices?

Voilà comme Paul raiſonne par-tout ; on l'a cru ſubtil ; il n'était qu'obſcur.

Au ſurplus les inconſéquences dans ſa conduite & dans ſes raiſonnemens, ne doivent point étonner ; il nous a tracé un tableau naïf de ſa conduite ; on y trouve la clef de toutes ſes contradictions. Le paſſage eſt curieux, je le copie, il terminera ma lettre: [1])

„Libre je me ſuis fait eſclave, pour gagner „des proſélytes ; je me ſuis fait juif avec les „juifs, pour les gagner ; j'ai pratiqué toutes les „loix afin de gagner tous ceux qui les prati„quaient ; infirme avec les infirmes ; fort avec les „forts ; j'ai tout été pour tout convertir ; j'ai tout „fait pour l'Evangile. Ne ſavés-vous pas que tous „courent le ſtade, mais qu'un ſeul a le prix. „Courés donc tous afin de comprendre. *)

---

[1]) Cor. I. c. 9. v. 19.

*) Je n'ai pas traduit mot pour mot un verſet ſingulier ; le voici : *iis qui ſublege*[1] *ſunt, quaſi ſublege*[2] *eſſem, cum ipſe non eſſam ſublege*[3], *ut eos qui ſub lege*[4] *erant lucri facerem, iis qui ſine lege*[5] *erant, tanquam ſine lege*[6] *eſſem, cum ſine lege*[7] *dei non eſſem, ſed in lege*[8] *eſſem Chriſti, ut lucri facerem eos qui ſine lege*[9] *erant.* — Quel Galimathias avec ces répétitions du mot lex ! Et on a écrit que St. Paul était éloquent !

Saisisse qui pourra le sens de cette dernière comparaison; pour moi je n'y entends rien. Avec ce plan de conduite Paul mangeait de la viande avec les idolâtres, se donnait le fouet avec les infidèles, se faisait couper le prépuce avec les juifs, sacrifiait aux idoles avec les païens. Quelle morale commode! & parce que les bons pères jésuites ont suivi le même plan, parce qu'ils adoraient à la Chine Confucius, le grand Lama chez les tartares, on les a condamnés! Les papistes sont bien-inconséquens.

Table de cet ouvrage:

www.ingramcontent.com/pod-product-compliance
Lightning Source LLC
Chambersburg PA
CBHW050017100426
42739CB00011B/2678
* 9 7 8 2 0 1 2 8 2 6 5 7 1 *